怪しい噂
ぜんぶ体張って調べた

〈有名手相占い師は特殊メイクで
別人に変装しても同じ結果を出すのか？〉
〈口コミ☆一つの宿に泊まるとどんなメに遭うか〉
〈花粉レーザー手術って本当に効果があるの？〉
〈日本一のバカ高校ではどんな会話がなされている？〉

本書は、巷に広がるそんな怪しい噂を、
編集部員やライターが自ら体を張って検証していくも
悪徳業者の実態から、疑惑のサービス、有名都市伝説
誰もが気になるあの噂の真相全23本！

目次

一章　怪しい噂・事件を徹底検証

目次

三章　怪しいサービス・金儲けの裏側を暴く

一章
怪しい噂・事件を徹底検証

インチキを暴け！

有名手相占い師は特殊メイクで別人に変装しても同じ結果を出すのか

REPORT 1

リポート／仙頭正教（編集部）

占いはインチキである。血液型、手相、タロット…、どれもこれもイカサマなのは明々白々とした事実である。ここまで断定しているのに、バカな女どもは占い師の言説を信じ、行列まで作ってお言葉をありがたくちょうだいしている。

彼女らは言うだろう。「インチキの人もいるけど、本物の占い師だっているもん！」と。

そこで今回は、世間的に〝本物〟と言われている占い師のペテンを暴き、それによって占い界全体のデタラメさを証明してみたい。〝本物〟ですらウソならば、その他大勢は言わずもがなだろう。

東京に「Sの母」「Gの母」「Oの母」という3人の有名な手相占いバアさんがいる。人呼んで三大母。よく当たると評判で、占ってもらうためには整理券まで必要なほどの人気者だ。

しかし、手相によって未来や過去、現在を当てているわけでは決してない。彼女らは人を見る能力に長けてるだけだ。表情や会話のはしばしから何に悩み、今後どうしたがっているかを見抜き、適当なアドバイスを送っているにすぎない。手のシワは無関係。シワで未来がわかってたまるか。

とりあえず今回のターゲットは「Oの母」とする。

手法はこうだ。

まず1人の女性が、素顔のままで手相を占ってもらう。

そして翌週、同じ彼女が今度は特殊メイクによって別人になり、また占ってもらう。

手相に変化がない以上、占い内容はまったく同じでなければならないはずだが……。

占い一回目（素顔）の予言は……

占い一回目。

協力者、23歳のナオが素顔のままでOの母の占いへ向かった。料金は2千500円だ。

2時間後、ナオが戻ってきた。

「最悪でしたよぉ！　めっちゃムカつく。あのおばあちゃん、何なんですか」

最初四十分くらいは手相を見ることなく、あれこれ質問してはダメ出ししてきたそうだ。

「ヌカ漬けつけれないとヨメにいけないとか。バカは豆腐にぶつかって死ねとか」

おそらくOの母の手法は、最初に客を怒らせて素の感情を引き出し、どういう人間かを把握した後、占いのカタチでいかにもな言説を吐くのだろう。

こっそり録音させたICレコーダーを確認したところ、手相占いに入ってからのバアさんの予言は以下のようなものだった。

素顔で行ってきま～す

結婚時期
「25～26いっぱい。それでできないと、32前後。そのあとはないね」
子供の数
「なかなか妊娠しない。結婚して3年くらいはだめ。子供の数は3人。女、男、女」
苦労する時期
「31後半から32、33、34前半までが最悪。苦労のオンパレード。そのあとは44、47～49、飛んで58～61。いろいろ苦労あるよー」
出会い
「今年10月はじめ。でもデート2、3回でパーね。次は年末だけど、これは3ヶ月もたないね。たぶんアウト」
結婚後の仕事
「あなたは一生働く。あなたは金に縁がない。結婚して子供ができたら、いったん家庭に入るけど、手が掛からなくなると働く」

抽象的な物言いでごまかしてくるわけではなく、ずいぶんはっきり言い切っている。信じる人は信じるんだろうな。

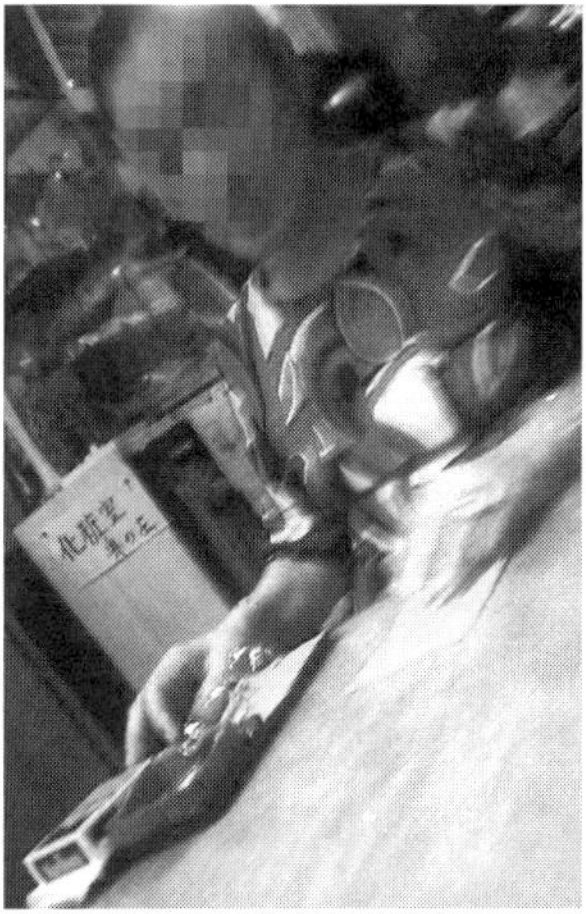
子供は女→男→女ね

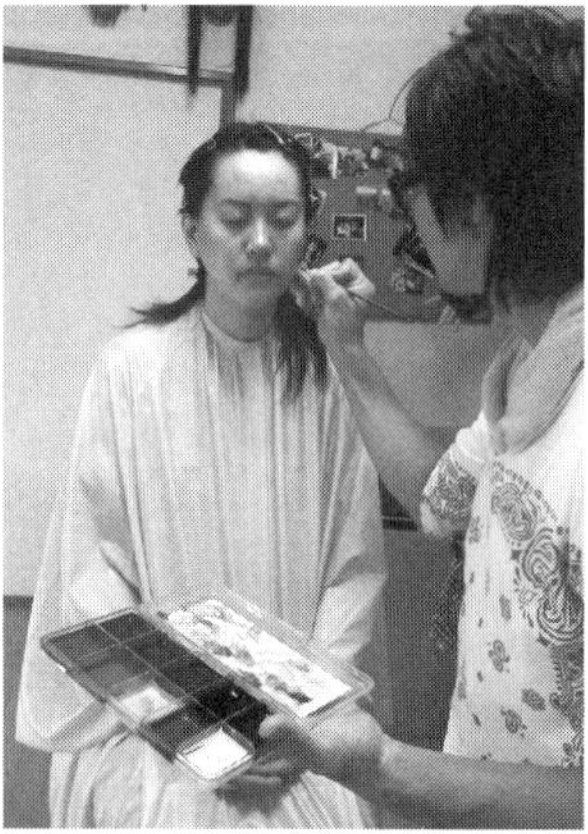

特殊メイクで別人に

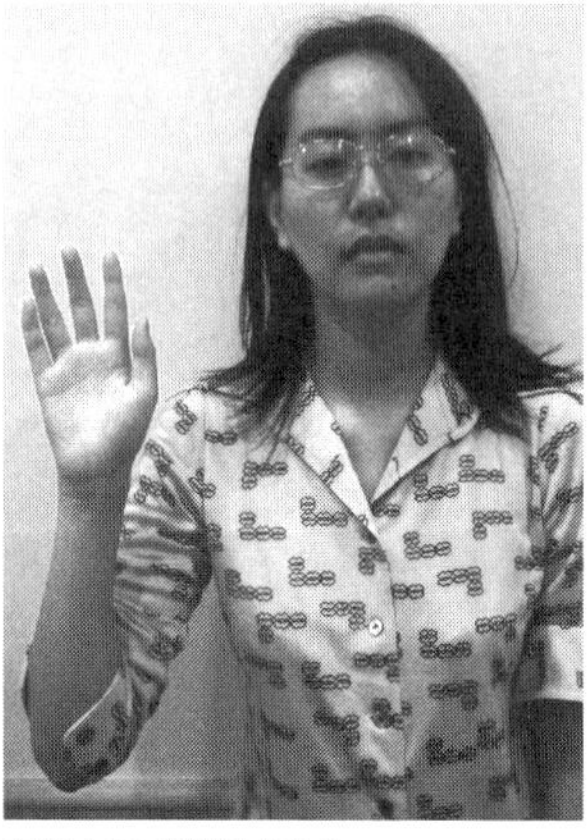

今度はどんな結果かな？

特殊メイクで別人に

1週間後、ナオと共にメイクスタジオに向かい、テレビ番組のコンテストで優勝経験を持つ達人に、特殊メイクを施してもらった。

ニキビやホクロを増やし、眉の太さ、唇の幅も変えていく。最後に髪型をバサバサにして眼鏡をかければ、あんなに可愛かったナオが、醜いオタク女に変身だ。

よし、では再びOの母の元へ突進だ。今日は付き添い＆ツッコミ役としてオレも一緒に乗り込んでやる。

占い二回目（特殊メイク時）の予言は……

Oの母の店は、ごちゃごちゃした喫茶店のようなつくりだった。ポスターや書道の額、怪し気な水晶などが目を引く。

白髪のジイさんが奥から出てきた。旦那だろうか。

「こっちのテーブルにどうぞ」

「あ、はい」

ナオが目配せしてきた。

「あのおじいちゃんとは、先週も顔を会わせてるんですけど」

「バレてねーな」

ジイさんに鑑定料2500円を支払って待つことしばし、軽く80歳はいってそうなバアさんが現れた。Oの母である。

バアさんは、ナオの顔をまじまじと見つめる。

「あなた…」

ま、まさかバレたか⁉

「あなた、薬のんでない？　睡眠薬とか安定剤とか？」

「…飲んでません」

「ふーん」

セーフ。バレてない。どうやら初っ端から眼力を見せつけようと、やたらニキビが多いところに目を付けたんだな。

「手相は、タテヨコタテヨコ、網のようにクモの巣のように、線があればあるほど、ご苦労さん人生」

バアさんは何だかよくわからないことをつぶやいてから、ナオに向かってしゃべり始めた。

「あなた、家事はやってる？」

「…あんまり」

「ふーん。掃除、洗濯、炊事、四季折々の漬物つけれないと、女はダメよ。あんたダメ」

これが例のダメ出しか。

「あんたの家族はつまんなそうね」「色気もへちまもない」「百万年経っても結婚できないわ」。

罵倒の嵐だ。ニキビブスだからってよう言うわ。

「あなたカレシは？」

「いません。だから今日は恋愛運を見てもらいたくて。カレシがほしいんで」

「ったく、若い女がカレシほしいなんて口が裂けても言わないで。プライドがないの。あんたみたいな女、金もらってもいらんわ」

子供は男→男ね

言いたい放題が30分ほど続いたあとでいよいよ手相占いに入った。

「じゃあ、手を見せて」

ナオが手を広げる。

「私は見たまま。見たまましか言わないから。異性関係は、今年はどうかなー。ないね〜」

「結婚時期は？」

「結婚は23、24いっぱい。そのあとは29、30」

「そうですか」

「子供はできにくいけど、男で2人」

「運気が下がる時期とかありますか？」

「32〜34、35はよくない。このあたり、別居とか離婚とか出てくる。あんた短気そうだしな」

「そうなんですか」

「それから43、49。あとは苦労らしいものはない」

「わかりました」

「旦那になる人が金運強いから、子供できるまでは働くけど、できたあとは家庭に入るね」

O の母の占い結果　○素顔　●特殊メイク

結婚（数字は年齢です）
○25 ~ 26いっぱい。そのあとは32。
●23 ~ 24いっぱい。
そのあとは29、30。

子供の数
○3人（女→男→女）
●2人（男→男）

運気が弱い時期（数字は年齢です）
○31後半~ 34前半、44、
47 ~ 49、58 ~ 61。
●32 ~ 35、43、49。
あとは苦労らしい苦労なし。

出会い
○10月初旬の出会いはデート2、3回でパー。年末の出会いは3ヶ月もたない。
●今年はなし。

結婚後の仕事
○金に縁はない。子供の手が掛からなくなったら働く。死ぬまで何かしら働く。
●旦那は金運が強い。子供ができるまでは働く。以降は専業主婦。

バトル1　セントウ吠える　バアさん吠え返す

占いが一段落したところで、オレはおもむろに切り出した。

「質問があるんですが。彼女の手相鑑定、この前見てもらったときと、だいぶ違うんですけど？」

ポカンとした顔のバアさんに、ナオの素顔写真を見せる。

「この子に見覚えはありませんか？」

「…うちは毎日10人以上見てるから」

「この写真は、彼女なんです。同一人物なんです」

バアさんは写真を手に持ち、今のナオと見比べている。

「ぜんぜん違うわね」

なんだよ、その反応。こっちの意図にまだ気付いてないのか。

「あなた、うちに来るのは初めてっていったわよね？」

「あれ、ウソです」

バアさんの顔つきが明らかに変わった。

「実際には1週間前に来たんです。なのに、前回と今回の鑑定結果が違うってどういうことですか？　例えば結婚の時期は、前回と比べると違うんですよ」

「そんなことないでしょ」

「あるんです。前回は25～26いっぱい。今回は23～24いっぱいだって」

「24いっぱいってことは、ぎりぎりオマケで25じゃない」

オマケって何だよ！

「じゃあ、子供はどうです？ この前は3人と言いました。今回は2人です。これもオマケですか」

「ちょっと見せて」

バアさんはナオの手を取った。

「ああこれは、うーん、3人目はかなり薄いなあ」

「何ですかそれ？」

「手相が見にくいときがあるのよ。開き方によって見えにくいときがあるから」

そんなシンプルなごまかし方できたか。

「ふーん、性別はどうですか。前回は女男女で、今回は男2人ですけど」

「言葉が足りなかったかも。人間は中身は女でも、気性が激しい人っているでしょ。手の開き方で線が見えにくかったから、そのへんで男に見えたのね」

すげー強引な理屈が出てきたぞ。

占いなんてどうでもいいの!!!

「適当に言ってません?」

「適当なんか言わない」

「まだ違いはありますよ。前回は仕事はずっと続けると言いました。でも今回は専業主婦になるって」

「子供の手が掛からなくなったら、ちょこちょことパートとか。バリバリ働くとは言わなかったはず。ほとんど変わりない」

キビシいね~。言っててツラくないんだろうか。

「苦労の時期も前回と違うんですけど」

「苦労の時期は変わる。1週間でも苦労は変わる。3日でも変わる」

「苦労の線が変わると?」

「変わる!」

バトル2　バアさんの本音は

バアさんがタメ息をついた。

「あなたたち、今日はなんできたの」

「確かめにです。占いが信じられないんで」

「じゃあ、他の占い師のとこにも行きなさいよ」

「いや、有名な方が気になるんですよ」

最後は金を突き返してきた

「有名な方はいるじゃないの。一番は細木さんよ。新宿も古いわよ。あそこでも聞いてきたらいいじゃない」

「他の人の話は置いといてください。今はあなたの話をしてるんです」

「だから新宿のほうが有名だからあっちで…」

「あっちの話はいいんです。今はあなたの話をしてるんです」

「占いは、当たるもはっけ、当たらぬもはっけ。みんなお遊びみたいなもんだから。女の子たちはうちにもよく来るわよ。キャキャー言いながら、ほんとー？　なんて。みんなほとんどそうなのよ。全部、信じるっていう人はいないいんじゃない？　ってこと」

お遊びだから矛盾があってもかまわないってことか。自分の商売を根本から否定してる気がするけど、どうなんだろう。

「極端いうと、占いなんてどうでもいいって言ってる。左右されるような人間じゃちっぽけ。悪いことは気をつけて、いいことは大事に。左右されるような人間はたいしたことないと。これは私の主義主張。左右されたらダメ」

これ以上は平行線をたどるのみだ。そろそろ帰ろう。

しょうもない壺だなんだを売りつけていない、たかが数千円の占いなのだから「悪徳」とまでは言わない。でもインチキはインチキだ。残る敵、「Sの母」「Gの母」にもいつか戦いを挑みたい。

口コミ☆一つの宿に泊まる

REPORT 2

リポート／仙頭正教（編集部）

ホテルや旅館の口コミ掲示板には、やたら低評価の宿泊施設がたまにある。

5段階評価で、10人中8人が☆1つを付け、「最悪です」「二度と泊まりたくありません」といったコメントがずらっと並んでいるような宿だ。

悪所探訪は本書の王道テーマである。☆1つ宿にあえて泊まってみっか。

ビジネスホテル編 「いらっしゃいませ」くらい言ってもいいじゃないの

旅行関係の口コミサイトに、投稿者39人中33人もが☆1つを付けている、冗談みたいに低評価のビジネスホテルを発見した。

横須賀の『S』。料金はシングル1泊6千円（食事無し）と周辺相場よりもちと高いが、単に値段が高いだけでは、ここまでボロクソ叩かれないだろう。

そもそもサービスなんかに期待されてないはずのビジホでここまで叩かれるってのはどういうことなのか？

金曜、予約の電話をかけると、男性スタッフが出た。

「今日ですか。大丈夫ですよ。お一人でしょうか？」

「そうです」

「シングルで6千円になりますが？」

「わかりました」

評価内訳	
5点	0件
4点	1件
3点	2件
2点	3件
1点	33件

1点がやけに多いな

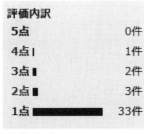

「では、お名前と電話番号を教えて下さい」

ん？　普通のビジホではあるはずの選択事項が抜けたような…。喫煙ルームか禁煙ルームかのチョイスはできないシステムなのかしら。オレ、タバコ臭い部屋は苦手なんだけど。

夕方。横須賀へ。駅から5分ほど歩いて見えてきた『S』は、見るからにくたびれた建物だった。入り口は薄暗く、外壁もあちこち痛んでいる。屋上のネオン看板の文字が歯脱けのように1つ消えているあたり、残念感が際立ってますな。

受付には、70代くらいのバアさんがポツンと座っていた。

「予約をした仙頭ですが」

「そうですか。えーと、じゃあここに名前と住所を書いてもらえます？」

宿帳が出てきた。…んー、ビジホに愛想を求めても仕方ないけど、最初に「いらっしゃいませ」くらい言ってもいいじゃないの。

宿帳に記入し、代金6千円を払う。バアさんがチェックインの手続きをしている間に、ロビーをぐるっと見渡した。

全体的にかなりオンボロだ。天井はところどころ剥げており、フロアの一画は物置きになっている。古くさいにもほどがありますな。

「ここってどのくらいやってるんですか？」

「30年くらいですね」

そんなもんなの？

「もっといってそうな感じがするんですけど」

「…いや、まあ、40年以上かな」

なんでサバを読んだんだよ。

「エアコンの調子が悪いんですが」「そうなんですよ」

22号室のカギを受け取り、部屋へ向かう。他の宿泊客は一人も見かけず、廊下はシーンと静まりかえっている。今日の客は自分一人なのかな。

えーと、22号室は…2階のエレベーター前だった。さてどんな案配かしら？

シングルでの宿泊だが、部屋はツインだった。気になっていたタバコ臭はしないが、40年以上経っているだけあり、かなり古びた雰囲気だ。

まず目についたのは、カーペットのシミだ。靴墨をこすりつけたように汚れており、素足で歩くと黒いモノがつきそうだ。

天井のクロスがあちこちめくれて傷んでいるのも気になる。貼られてから何年経っているんだろう。

何だか車の音がうるさいので、カーテンを開けてみると、窓の外をすぐ幹線道路が走っていた。にもかかわらずガラスは薄い。これじゃダメだよ。

電気製品は大丈夫だろうか。テレビは新しい。冷蔵庫は古い。あれ？ ベッド脇のスタンドライトがつかないぞ。コンセントにはちゃんと繋がってるし、電球のヒューズも切れてないってことは、壊れてるようだ。

エアコンは、かなり古そうな機種だ。壁のスイッチを押すと、天井の穴からファンの音が聞こえてきた。…あれ？　暖かい風が出てきてないぞ。ホテルなのに、エアコンが壊れてるとか、そんなバカなことないよね？

ところが5分経っても、10分経っても、部屋はまったく暖かくならない。これ、やばくない!?　体も冷えてきてるし、風邪ひくのは勘弁だぞ。

とにかく体を温めるため、風呂に入ることにしたが、そこでまた残念なことが…。シャワーヘッドが目詰まりしてるじゃん。何なんだよこの部屋は！　さすがにこれはもうクレームを入れるしかないな。

受付に戻ると、バアさんがいた。

「すみません。エアコンの調子が悪いんですが」

「そうなんですよ。電気屋さんに見てもらわないといけなくて」

そうなんですよって！　壊れたまま放置してるってこと？

「…部屋は暖かくならないんですか？」

暖房も効かないのかよ！

「ファンヒーターがあるんで、出します？」

出すに決まってるだろ！　というか、最初から出しといてちょうだいよ！

先に部屋に戻って待っていると、バアさんがファンヒーターを台車に乗せてやってきた。一応ひと安心だが、この際ライトの件も言っとくか。

「それと、枕元のライトもつかないんですが」

「そうなの？」

バアさんがライトをゴソゴソ触りながら首を傾げる。

「私じゃわからないんで。今日は我慢してもらえませんかね？」

今日は、って、オレ明日帰るんだけど…。

バアさん、なんとかしてくれ

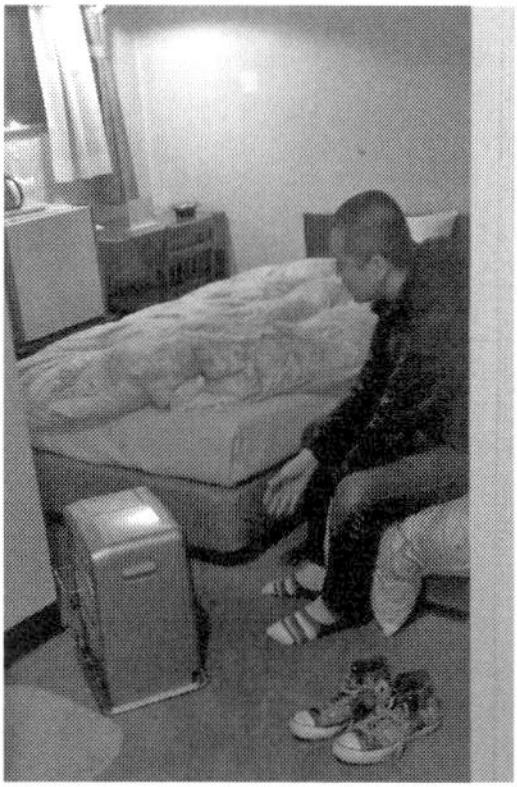

寒い寒い…

「…誰かわかる人いないんですか？　そうだ、昼間ぼくが予約の電話入れたときにしゃべった男の人は？」

「もう帰ったんですよ。今日は私一人だけなんで…」

何だかこっちが無理を言ってるみたいな感じですな。はい、もういいです。

ファンヒーターで部屋は暖かくなったが、夜はやはり幹線道路の音がうるさく、寝付きがよろしくなかった。こりゃあ☆1つだな。

温泉旅館編　やけにぶっきらぼうですなぁ

翌日、土曜日の昼。再び口コミサイトを漁った。

『S』は評判通り居心地が悪かったが、ビジホなんだからサービスがイマイチなのも仕方ないと思う。そこでもう一軒、今度は低評価の温泉旅館に行ってみよう。

温泉旅館は、それなりの宿泊料金を取るわけだし、普通は丁寧なサービスをしているものだ。にもかかわらずボロクソに叩かれている宿は、どんな内容なんだろう。

目を付けたのは、複数のサイトで低評価が付けられていた湯河原の『A』だ。

さっそく旅行代理店『じゃらん』のHPから一泊1万8００円コースの予約をした。

夕方5時、湯河原に到着。駅前から『A』の住所を確認すると、歩いて行ける距離ではなさそうだ。どうやって行けばいいのかな。宿に電話してみっか。

おばさんスタッフが出た。

「はい、湯河原温泉Aです」

「『じゃらん』から予約した仙頭です。今日、そちらに泊まらせてもらうんですが、今、湯河原駅に着きまして」

「ではですね、駅を背にまっすぐ進んでもらうと、階段がありますので、降りたところで待っていてください。10分くらいで向かえに行きますので」

あれ？　…優しいぞ。口コミサイトを意識して接客態度を改善したのかな？　ま、いいか。せっかくだし、コンビニで缶チューハイでも買って行くか。

コンビニ袋を提げて指示された場所で待つことしばし。まもなく乗用車が現れ、髪型がオール

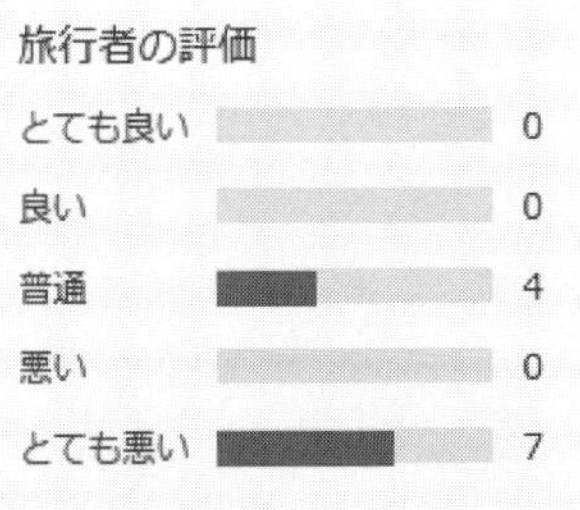

とても悪いの数、多すぎ

無愛想に送迎してくれました

バックで切れ長の目の、人相の悪いおっさんが降りてきた。

「Aです。仙頭さんですか？」

えらい強面のスタッフなんだけど…。

見た目で判断するのはよくないかと、気にせず車に乗る。カーステレオからどっかで聞いたことのあるアップテンポなJポップが流れていた。意外と気さくな方だったりして。

ところが車が走り出し、1分2分と経っても、おっさんは一言もしゃべらず、黙ってハンドルを握っている。密室で無言。何だか落ち着かないんだけど。

結局、無言のまま旅館に到着した。よく言えば庶民的な、意地悪な表現をすると野暮ったい、こぢんまりとした宿だ。

招き猫やソロバンやウチワなど、ごちゃごちゃした飾り物が並んだ玄関に、大きな張り紙があった。

〈飲み物・食べ物の持ち込みをお断りしております〉

コンビニ袋をぎゅっと握り締めた。何か言われるか。

しかし、おっさんは特に気にすることなく、館内へと入っていく。しかもかなりの急ぎ足で。

「向こうが宴会場で、ごはんは6時くらいからです」

「…はい」

「向こうが大浴場で、入浴時間は朝6時から夜11時までなんで」

「…はい」

一切立ち止まることなく廊下を進んで行き、『光の間』という部屋のドアをがちゃっと開けた。

「では、お部屋はこちらになります」

そう言うなり、おっさんは回れ右して立ち去った。やけにぶっきらぼうですなぁ。

隙間から、おばさんの目が

部屋は、これといって良くも悪くもない、普通の和室だった。畳は少々擦れているが、掃除は行き届いており、もちろん暖房もちゃんと効く。内湯はないが、温泉なんだから別にいらないし。

浴衣に着替え、ごろんと寝転がった。一応ゆっくり過ごせそうだ。よし、買ってきた缶チューハイでも飲もう。ふぅ、旨い。

まったりしてテレビを見ているうち、ふと気付くと6時半を回っていた。

そう言えば、6時くらいから

おや、部屋はいいじゃん

メシだっけ。部屋だしではなく、宴会場で食べるスタイルのようなことを言ってたけど。

宴会場に行ってみると、すでに他の客たちが食っていた。給仕のおばさんが声をかけてくる。

「お部屋はどこですか？」

「光の間です」

「あー、はいはい。お待ちしてましたよ」

案内された席には、すでに料理が並んでいた。アジの刺身、焼き魚、ハンバーグ、鍋、小鉢、漬け物。ラインナップは一般的な旅館の懐石だ。

一つ気になるのは、席の位置だ。樹海のような景色を描いたオドロオドロしい絵画の前ってのは落ち着かないんだけど。これって言いがかりかな。

とりあえず瓶ビールを頼み、食べ始める。味は悪くない。アジ刺は新鮮だし、ハンバーグもいい肉だ。焼き魚は冷えているが、これくらいはしょうがないか。

瓶ビールが空いた後は、チューハイに切り替える。やっぱり旅先での酒は旨いですなぁ。

食堂に飾るべき絵ではないと思いました

ん？　隣のテーブル客が帰っていく。その向こうの連中も。みなさん、先に来ていたから早いんだな。

気にせずチビチビ飲んでいると、次々客は減っていく。ほどなくしてオレ一人になってしまった。さすがに合わせたほうがいいかな。でも、遅れてきたぶんもうちょっとだけ楽しませてもらおう。

と、入り口のほうから強烈な視線を感じた。ドアが5センチほど開いているが…。隙間から、おばさんの目がギョロギョロ見ている！　不気味なことすんなっつーの！

とても晩酌を続けられる気分ではなく、逃げるように部屋に戻った。送迎のおっさんといい、給仕のおばさんといい、ここのスタッフって…。ま、気分直しに、風呂にでも入るか。

「熱いだろ。熱すぎて入れねぇんだよ」

大浴場の先客は洗い場にジジイが一人いるだけだった。湯船には誰も浸かっていない。こりゃあ広々と入れそうだ。

シャワーでさっとケツを流してから、湯船に足を入れる。

「熱うっ！」

思わず声が出た。めちゃくちゃ熱いんだけど。

洗い場のジジイの声が飛んできた。

「熱いだろ。熱すぎて入れねぇんだよ。45度以上はあるよ」

実際それくらいありそうだ。誰も入れないじゃないか。どうなってんだよ？

脱衣所のインターホンでフロントを呼び出す。

「あのぉ、男湯の湯船が熱すぎるんですが」

「そうですか。じゃあ、洗い場のとこにホースが置いてありますよね？　それを使って水を足してください。湯船のへりに石を置けば、ホースの先を固定できるんで」

何だか面倒なことをさらっと言いますなぁ。とりあえず「すみません」の一言くらいあっていいと思うのに。

洗い場にホースと石があった。これを使うわけか。よっいしょと。…何だこれ？　ホースの長さがギリギリじゃないか。それに水をいっぱい出すと、石が動いてホースが外れるし。だからといって、チョボチョボ出してたんじゃ、冷ますのに時間がかかるし。

めんどくさっ。温泉旅館なの

あちっ！

に、風呂に問題があるってどういうことよ。

結局、湯船には浸からず風呂を出て、持ち込んだ酒を飲んでさっさと寝た。

翌朝は、8時に館内アナウンスで「朝食のご用意ができました」と放送されたので時間どおり食べることができたが、帰りの駅までの車送迎は、やはりおっさんが無口をカマしてくれた。

湯河原『A』、評判通りのダメ宿である。口コミってのは、正しいんですな。

客が各々こうやって入るんだって

REPORT 3

バイト誌で気になる和気あいあい系職場の真実

リポート／ワラベミサオ（フリーライター）
イラスト／和田海苔子

4日間で、
万円以上!!
/12(木)~5/15(日)の4日間限定!
期間内<短期2日からOK!>
未経験
大歓迎!

かも〜ん♥
毎日がお祭りサワギ!!!

経験に応じて
時給1500円以上の
スタートも可!
自分の新たな
可能性を
で
見つけよう!

実際の広告を元に描いています

職場1　いかにも出会いありまくりな感じ

18歳のころからいろんなバイトをやってきた。引っ越し作業や配管の手伝いなど、すべて肉体を酷使するものばかりだ。

どれも求人誌で探したバイト先で、優先順位は時給が一番。彼女ができそうとか、お客さんと親しくなれそうなんて下心はいっさいなかった。

でもホント言えば、ちょっと強がってた部分もある。心の奥で気にはなっていたのだ、求人誌に出てる和気あいあいとした男女の写真が。

『アットホームな職場で働こう！』

『同世代の仲間が多いから楽しいよ』

若い女のコと男がきゃっきゃとはしゃぐ、いかにも楽しげな雰囲気で、出会いもありまくりってな感じだ。大学生のテニスサークルみたいな。

なぜソッチ系のバイトを今まで敬遠してきたのか。理由を一言でいえば『臆していたから』だ。なんとなく引け目を感じていたというか。だって顔も性格も暗いほうだし。

　でももうそんなことは言ってられない。なんてったって、バイト先ってとこは、恋人と知り合ったきっかけアンケートでは必ず上位にくるのだ。

　今の職場、男だらけのしがない編プロじゃ彼女なんてできっこない。オレも和気あいあいバイトで恋人を見つけてやる！

　33ページ上の広告を見てほしい。ポスティングバイトの募集だ。チラシを配るだけの地味な仕事のはずなのに、こんなカワイイ子たちが働いてるなんて。

　きっとマジメな子たちなんだろう。キャバクラとかにいるネーチャンと違って、素直な性格に違いない。

　で、新人のオレは、彼女たちに優しくあれこれ教わりながらチラシを配るのだ。「ほら、こうしたほうが1枚ずつ取りやすいでしょ」とか言われて。

　仕事に慣れてくれれば、逆にオレのほうがいいとこを見せてやろう。重いチラシの束を持ってあげたり、向こうが配る家もオレが担当してあげたり。

　必然的に恋が生まれる！　いい！　すごくいいぞ、このバイト！

女子はどこだ？　午後出勤か？

戻ってきた男たちにお茶を出してくれるのか

面接に受かった翌日の朝8時、定時きっかりに小さな事務所に出勤した。まるで新聞の集配所みたいな、ほこりっぽくて無機質な部屋だ。机の上には広告が山積みになっている。

どうもオカシイ。来ているのはむさ苦しい男が4人だけなのである。広告に出ていたようなカワイコちゃんどころか、クンクンしても女の匂いすらしない。

「んじゃぁ、ワラベ君はここに行ってきて」

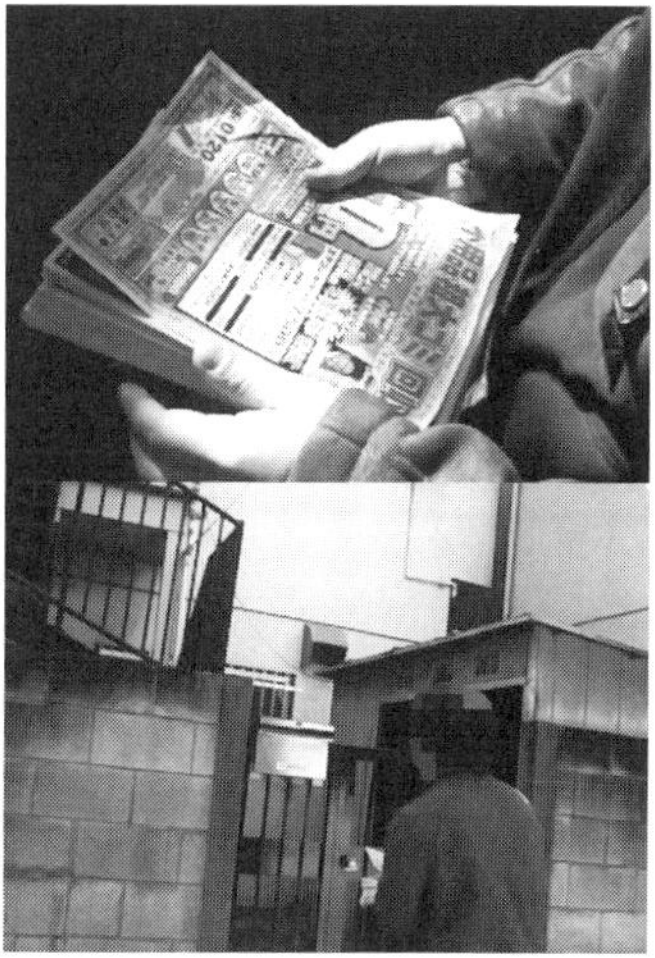

孤独この上ない仕事だった

責任者と思しきオッサンに、チラシの束を渡された。

「全部で500枚あるから。1枚ずつポストに入れるんだよ」

「はぁ」

「早く行ってきてください」

「はい…」

ますますオカシクなってきた。一人きりで現場に向かえってか？　まあそれは受け入れるとしても、女子はどこへ行った？　午後出勤なのか？　そして配り終えて戻ってきた男たちに、冷たいお茶でも出してくれるのか？　そうじゃなきゃ、あんな広告出せないよな。

チラシの束を抱えたオレは、地図を頼りに持ち場の住宅地へ向かった。はい1枚、はい1枚と、各家庭のポストへ入れていく。あ～、カッタリいなあ。2枚重ねて入れてやれ。

昼過ぎに、ようやく500枚の配布が完了した。よっしゃ、女子の待つ事務所へ戻ろう。

その前に、規則どおり終了連絡をしておかないと。

「新人のワラベです。すべて配り終えました」

「そうですか。お疲れ様です。ごくろうさまでした」

「はい…」

「もう今日は帰ってもらっていいから」

現地解散かよ！

「本部のオフィスで働いている子たちです」

バイト2日目。

たぶん昨日はたまたまあんな孤独な役回りになっただけで、今日こそは女子との接触があるに違いない。そうだ、そうだ、そうに決まってる！

事務所のドアを開けた瞬間に、予想はあっさり裏切られた。昨日と同じく、むさい男が3人いるだけだ。

「じゃあ、これ配って」

すっかりヤル気を失ったオレに向かって、責任者のオッサンがチラシを渡す。はいはい、やりますよ、やればいいんでしょ。

またぞろチラシを持って、1枚、1枚、はいまた1枚。ダルイ、超ダルイ〜。昨日も今日も、誰ともしゃべってないっての。

まったくどうしたものか。このバイト、何がどう転んでも女子との接点なんてありえないぞ。あの広告はウソかよ。

ま、若くてカワイイ子たちがポスティングしてるとこなんて見たことないもんな。じゃああの写真はどこなんだって話だけど。

翌日、早々と仕事をバックれたオレは会社に電話を入れた。

「あの〜、バイトの広告に若い女の子たちが写ってますよね」

「はいはい」

「あんな子、いるんですか？」

「あれは本部のオフィスで働いている子たちですよ」

ちょっと待った。あれが本部のオフィスなら、バイトも本部のオフィスで採用しろよ。なにを勝手に、当たり前のように場末の事務所に送り込んでるんだ！

職場2　茶髪率がハンパじゃない

見よ、38ページ下の広告を。女どものカワイイさがハンパない！

キャバでも十分通用するし、デリヘルなら3千円追加でも指名したくなるレベルばかりだ。

仕事内容は、貴金属の買い取り、とある。イマイチわからないけど、文面によれば車でみんなで移動するみたいだから、ポスティングみたいな事態は起きないだろう。男女数人でのドライブタイムが間違いなくあるのだ。

いやー、何をしゃべろうか。緊張するなぁ。茶髪のギャルちゃんたちだから、ファッションの話題とか？　それになんか、この子ら、ヤリコン的なものにも抵抗なさそうだし、誘われたらどうすればいいんでしょ。

入社が決まった次の日、オレは事務所で行われた研修に向かった。新人が一堂に集められ、上司の人間から業務内容やルールを教わるのだ。

朝9時、事務所にはすでに20代〜30代と思しき20人ほどの男女が集まっていた。うん。悪くない

実際の広告を元に描いています

ぞ。美形の子もちょくちょくいるじゃないか。にしても茶髪率がハンパないな。95％ってとこか。さらさら黒髪のオレが浮いちゃうよ。

チーフと名乗る男性が挨拶を始めた。

「初めまして。▲▲です。今日はあなたたちに…」

基本的な会社のルールや交渉の方法をしゃべっている。どうでもいいや。仕事はテキトーに流すつもりだし。

説明の後は、新人が一人一人、前に出て挨拶をさせられた。

「おはようございます。ワラベといいます」

社員の声が飛んでくる。

「声が小さい！」

「す、すいません」

「もう1回、やりなおし！」

「は、はい！　おはようございます！　ワラベといいます！」

「よし！」

うっぜ〜。

殺伐感ただよう事務所

『餃子の王将』の社員研修みたいなばかばかしい時間が終わり、その日は解散となった。まだ誰ともしゃべってないけど、めぼしい子は何人かチェックしてある。和気あいあいは明日からだ。

いちばん美人の吉田がグループに

翌日は、女管理職による朝礼でスタートした。何かしゃべるたびに、何度も何度も返事させるのがかったるいのなんの。

「わかりましたね」
「はい！」
「小さい！　もう1回！」
「はい！」

『餃子の王将』タイムが終わって、ようやくグループ分けとなった。

この仕事は、1人のリーダーが4人のアポインター（オレたち）を率いて、現場を回ることになっている。

オレの班のメンバーは次のような編成になった（男はどうでもいいのでアルファベットで）。

●A。40代の男性リーダー。
●B。30代の男性。アポインター。ちょいデブ。

でも期待は持てるぞ！

●真鍋。40代の女性。アポインター。色っぽい熟女。
●吉田。20代の女性。アポインター。安めぐみをケバくしたような美女。
●オレ。

思わず小躍りした。昨日今日と見かけた中でいちばん美人の吉田が含まれているじゃないか。雰囲気からいって、新人はオレ1人だけみたいだから、いろいろ教えてもらう態度で吉田に接近しちゃおう。

会社のバンに乗り込み、さ〜て、いよいよ初仕事だ。

「じゃあ、後は1人でやってね」

車が高速に乗るころ、ぽつぽつ会話が始まった。

「昨日の成績どうだったんですか？」

「ああ、昨日はダメだったなあ。1人もなし」

「キツイですねえ」

「んー、がんばらないとな」

ごくごくありがちなトークだ。

入っていけずに黙ったまま窓の外を覗くオレに、リーダーが問いかけてきた。

「ワラベくんはなんでこの仕事をしようと思ったの？」

簡単に言えば、最近問題になってる職種です

広告にギャルがいっぱい出てたから、とはさすがに言えない。

「ええと、アルバイト求人誌の広告で見てですね。やっぱり稼げるんじゃないかって」

「前の仕事は何やってたの？」

「専門学生です」

「そっかー。若いねえ」

肝心の吉田は加わってこない。ま、仕事前からキャピキャピムードにはならないか。

目的地に到着すると、それぞれバラバラになって各家庭を回り始めた。リーダーが近づいてくる。

「ワラベくん。最初だから一緒に回ろうか」

「はい、お願いします」

「じゃあさ、オレが手本を見せるから」

一軒家の呼び鈴をピンポーンと押すと、ドアの向こうから中年女性の声が聞こえた。

『どなたですか？』

『すいませーん。いま貴金属の買い取りをやってまして。壊れているので全然構わないので、見せていただけませんか？』

『間に合ってます！』

そりゃそうだ。いきなりやってきて貴金属を見せろなんて言われたって困るよ。

「まあ、こんな感じだよ。じゃあ、後は1人でやってね。もし何か見せてきたら連絡して。交渉は俺がまとめるから」

えええええぇ！　もうほったらかし？

これって悪人の会合じゃね？

成績を上げるつもりなんてハナからないので、オレはただ住宅街をうろちょろするだけだった。あ～あ、吉田ちゃんと合流したいなぁ。

昼になり、Aから携帯に連絡があった。

「メシ食うから、さっき通ったファミレスに来て」

ファミレスではすでにチーム全員が待っていた。せっかくのランチタイム、和気あいあいを楽しまなくっちゃな。

「今日はどんな感じ？」

小太りBがハンバーグをつつきながら、皆の顔を見る。

「全然だめだね」

「オレも成績あがんねえよ」

「私も～」

うんうん、成績はどうあれ、こうやって報告しあううちに仲良くなりますよね。男女がくっついちゃいますよね。

「そういやこの前のあのばーさん、10万のネックレス、6千円で売ったんだぜ」

「すごっ。どうやったんですかぁ」

「超ボケてたからさー、『これだと6千円になっちゃいますね』って言ったら、『そうですか』って」

「きゃはは、超ラッキーじゃないですかあ」

合いの手を入れているのは吉田である。なになに、この子、こんな子なの？　和気あいあいっつーか、これって悪人の会合じゃね？

客を罵倒する電話に、周囲は涼しい顔

午後もテキトーに時間をつぶし、夕方5時に車へ戻った。どうやら今日は全員売り上げゼロだったらしい。

この重苦しい空気はどうだろう。みな携帯をいじったり、タバコを吸ったりで、誰もしゃべろうとしない。朝と夕方でこうも変わるとは。

車中、熟女・真鍋の携帯に着信があった。

「だからね、あの指輪はもう返せないの。こっちは買い取ってんだからね！　頭おかしいの？」

周りも気にせず、客を罵倒する真鍋。聞いてるだけでビクビクするが、他の連中はいたって涼しい顔だ。

電話でキレまくる真鍋

「あのね、こっちは正当な手続きで商売してるの。わかる？ やましいコトは一切してないの。は？ 私たちには関係ないの。これは商売なんだから！」

苛立ちをぶつけるように電話を切ると、彼女は大きくため息をついてから、タバコをふかしはじめた。あいかわらず周囲は無表情だ。

会社に到着後は、我がグループの反省会が始まった。

「私の売り上げがあがらなかったのは〜」

「本日アポることができなかったのは〜」

「私の反省点は〜」

いかにも型どおりなやりとりを終えて、時刻は6時30分。飲みに行くにはちょうどいい時間だけれど、メンバーたちはそれぞれ誰とも会話することなく、散り散りに帰っていった。

バイト広告なんて、金輪際アテにしないことに決めた。

REPORT 4

日本一のバカ高校では どんな会話がなされているか

リポート／建部博（編集部）

みなさんがお住まいの都道府県にも、地域を代表するバカ高校が存在するはずだ。名前を書けば合格する、数学の授業が分数の足し算、などといった評判の学校を、ひとつやふたつは聞いたことがあるだろう。

ならば日本一のバカ高はどこなのか。

各代表がトーナメントで戦えばはっきりするはずだが、あいにくバカ甲子園は開催されていない。近畿に敵無しの工業高校か、南北海道代表の私立か、あるいは西東京の女子高か。真のチャンピオンは誰にもわからぬままだ。

本ルポを進めるにあたり、このような群雄割拠の状態では都合がわるいので、強引にこのオレが、2011年時における日本暫定チャンピオンを決めておきたい。

埼玉県の公立『P高校』だ（Pは頭文字ではない）。

代表的なエピソードを挙げてみよう。

★…偏差値37
★…入試は名前を平仮名で書ければ合格（漢字でなくても可）
★…授業中にトイレでしょんべんを掛けあう『しょん掛け』なる行事が一時期大流行した
★…近くのコンビニでP高生による万引きが多発し、全生徒が入店禁止に
★…それでも盗みたい一部の生徒が目出し帽を被って入店を試みるもあえなく撃退
★…他校と揉めごとになり30人の学生が乗りこんだが、まったく関係のない学校に行ってし

まった。格好がつかないので一応カツアゲだけして退散

真偽のほどは定かでないが、こういった逸話が否定されることなく定着するあたり、埼玉県代表なのはほぼ間違いなく、全国大会でも上位進出を期待していいだろう。

異論はあろうが、便宜上、とりあえずこの高校に日本一の称号を与えて本ルポを進めたい。

目的は、表題どおりである。日本一のバカ高校生たちは普段いったいどんな会話をしているのか。ぶっ飛んだ発想力で、我々を笑わせてほしいものだ。

ヤバさ自慢なのになぜ点数が上がる?

平日のお昼前、最寄り駅からP高校に向かった。周囲には商店や一軒家がぽつぽつと建っている。校舎が見えてきた。黄土色の建物に、大きなグラウンド。サッカーをやってる生徒たちが見える。意外と健全そうだ。校舎の窓ガラスは割れてないし、駐輪場にもバイクなんてひとつも停まってない。

学校のまわりをぐるっと歩いて再び正門に戻ったところ、自転車にまたがる二人組を発見した。ほっぺたを赤くした田舎の高校生って雰囲気だ。


Ⓐもう辞めようかな。ダルイし。

Ⓑまだ入ったばっかじゃね?

Ⓐ店長がキモいんだよ。「さっさと動け」しか言わないからウザイし。
Ⓑあー、めんどくさそう。
Ⓐだから、オレ店長のエプロンにわざとコーヒーとかこぼしてさ。
Ⓑコーヒー？
Ⓐ店長コーヒー臭いんだよ。キモくね？
Ⓑキモイね。
Ⓐでしょ？　メガネかけてコーヒー臭いなんてウザいじゃん。
Ⓑウザすぎ。
Ⓐだから辞めようかなって。
Ⓑそりゃ辞めたほうがいいわ。

店長のニオイの原因はAじゃないのか？　それでキモい？　ウザい？　すげー理屈だ。しかしそれをツッコまないBもなかなかのもんだ。二人まとめて70点はあげたい。
校門の脇に、またぞろ授業を抜けだしたであろう三人組を見つ

けた。なんだか気落ちしてるみたいだけど、どうした？

Ⓐあー、チョーやべえよ。
Ⓑなにが？
Ⓐオレ2点だったんだけど。ヤバくね？
Ⓒオレのほうがヤバイよ。4点だもん。
Ⓑそれ言うならオレなんか22点だし。ヤバヤバだよ。
Ⓐやベーよなー。
Ⓒやベーよ。やベーよ。

ヤバさ自慢のはずなのに点数が上がっていくのはどういうことだ。
また別のグループが歩いてきた。どれどれ。

Ⓐ古文ヤバかったわ。
Ⓑ超ムズくね？
Ⓐ卑怯だよな。普通の国語ってあるじゃん。
Ⓑうん。
Ⓐで、古文もあるっしょ？　二カ国語も勉強するのムリじゃね？

Ⓑムリムリ。
Ⓐ同時に使うことなくね？
Ⓑてか昔のコトバ使うことないし。
（しばし無言に）
Ⓐ…あっ、英語もあるじゃん。
Ⓑほんとだ！
Ⓐ三ヶ国語も覚えるってマジ無理だし。
Ⓑトリンドルならできるんじゃね？

レベルの高い会話だ。現代文と古文を二カ国語ととらえるセンス。さらに間をあけて英語を思い出して三カ国語にし、トリンドルで締めるあたり、タダ者ではない。
おっと、また途中下校組がいた。どんだけ自由な学校だよ。

Ⓐつーかスゲー臭くなかった？
Ⓑいつ？
Ⓐさっき、帰る前。教室で。
Ⓑぜんぜん気づかなかった。鼻つまってるし。
Ⓐ誰か屁こいたんじゃん？　オマエ？

Ⓑは？　オレじゃねーよ。
Ⓐそっちからにおってきたけど。
Ⓑはあ？　ふざけんなよ。
Ⓐスゲー臭かったよ。
Ⓑオレじゃねーし。
Ⓐへー。
Ⓑ屁こいたら自分でわかるっしょ。
Ⓐでも鼻つまってんだろ？
Ⓑえ？
Ⓐ鼻つまってたらわかんないじゃん。
Ⓑいやいや、そうだけど。
Ⓐ気づかなかったんじゃね？
Ⓑつまってるけど…。
Ⓐ鼻つまってるからわからなかったんじゃん？
Ⓑ違うと思うけど。オマエじゃねーの？
Ⓐオレ鼻つまってないもん。
Ⓑそっか。

とんだアホがいたものだ。この会話には85点あげてもよか

ろう。
『鼻がつまっていると屁をこいてもニオイがわからない→自分が屁をこいても気づけない』の方程式ができあがる様は天晴れ。だんだん自信を失っていくBも素敵だ。

食ってねーやつに言われたくねえんだよ

チャイムが聞こえたところで、生徒たちの声でザワザワしはじめた。昼休みだろうか。
正門から出てきた二人組が、近くの路上に座りこんでタバコに火をつけた。

Ⓐ鑑別入ったらどうしよ。
Ⓑなんかしたん？
Ⓐ兄ちゃんがこないだ捕まってネンショー（少年院）なんだよ。
Ⓑうん。
Ⓐオレもそうなっちゃうんじゃねーかなって。
Ⓑなんかしたん？

Ⓐ数学の●●にケータイ取られたんだけど大丈夫だよな？

Ⓑたぶん大丈夫じゃん？

Ⓐでも兄貴が行ってるしなぁ。

Ⓑとりあえず次はケータイバレないようにすれば？　マナーモードにしとくとか。

Ⓐそっか。


アニキのようにはなりたくない。でもこの前ケータイを取り上げられた一件が元で、少年院に入れられてしまうのでは——。バカ度70点の大物である。

相棒のBもそこそこのバカ力だ。「たぶん大丈夫」とはなかなか言える台詞じゃない。絶対大丈夫だっての。しかもそんなアドバイスにしたがって心を入れ替えるA。まるでバカがぐるぐる循環しているようだ。

誰も校門から出てこないので、近くを歩き回ってみよう。あそこの婆さんに話しかけてみるか。


「ちょっとお尋ねしたいのですが」

「はいはい？」

「P高校ってどんな学校なんですか？」

「P高？　いやー本当、ワルばっかりだったよ。最近はそうでもないけどね」

「なんかヒドイことされたんですか？」

「近所の人は庭に毎日のようにウンチされたって」

「ウンチ？」

「なんでそんなことすんのかね」

高校生が他人の庭でウンチ。また伝説が一つ増えた。

ぶらぶらと歩きまわるうちにコンビニが見えてきた。例の全生徒が出禁の店か？

いや、中のイートインスペースにP高の制服を着たグループがいる。なんだ、入れるんじゃん。

てか、いつからいるんだよ。


Ⓐ辛っ！

Ⓑひとくちくれよ……辛っ！

Ⓒそんな辛いわけないっしょ…うわっ、辛っ!!

Ⓑは？　食ってねーじゃん。

Ⓒえ？

Ⓑ食ってねーのになんでわかるんだよ。

Ⓒそういうボケじゃん。

Ⓐ食ってねーやつに言われたくねえんだよ。

Ⓒ………。

Ⓐわかるわけねーだろ、この辛さが。

Ⓑそうだよ。

Ⓐ食わなきゃ言う権利ないって言ってんだよ。
Ⓒ…………。
Ⓐちゃんと食えよ、ほら。
Ⓒ……辛っ。
Ⓐな、辛いよな。

「食ってねーやつに言われたくない」。いったいどの立場からの発言なのか。

そんなことよりなんでウンコって名前か知ってる？

15時を過ぎて生徒たちがぞろぞろと出てきた。ものすごくデカイ声の二人組にロックオンだ。

Ⓐ数学のテスト返ってきたわ。
Ⓑ何点？
Ⓐ37点。
Ⓑ馬鹿だな。
Ⓐお前は？
Ⓑ50てーん。イエーイ。

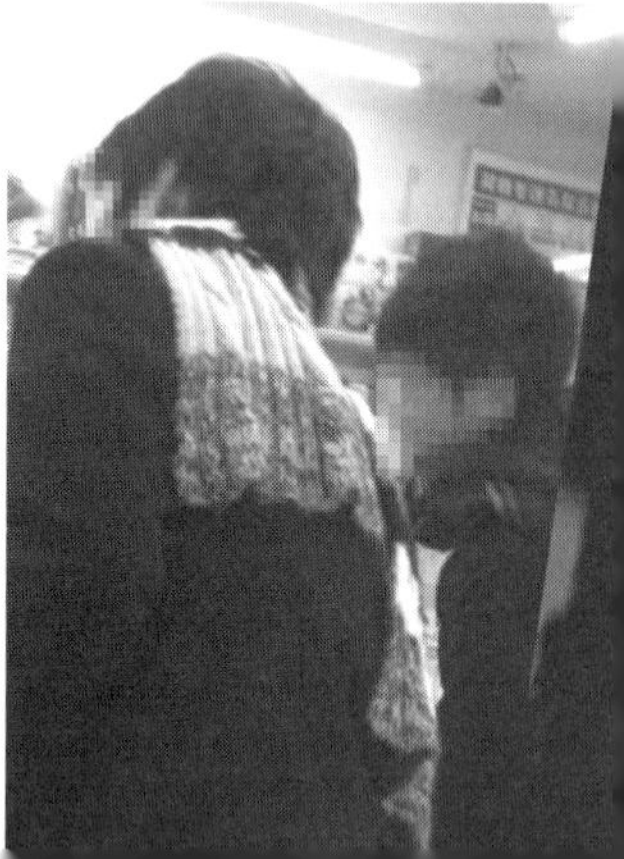

Ⓐでもお前めちゃくちゃ勉強してたじゃん。オレは勉強してなくて37点だから、勉強して50点よりは頭いいっしょ。

Ⓑいや勉強して50点の方がマシだろ。

Ⓐオマエが勉強してなかったら37点取れてないし。

Ⓑいや勉強してるところは出なかったから、勉強してないのと同じだし。

（一瞬、詰まるⒶ）

Ⓐでもそれ問題出なかった証拠ないじゃん。

Ⓑうるせーんだよ。死ね。


単純に50点のほうが賢いと思うのだが、彼らの理屈ではそうじゃないようだ。勉強して取った点数はカウントしてはいけないらしい。

二人の会話は続く。


Ⓐそんなことよりさ、なんでウンコって名前か知ってる？

Ⓑウンコって？

Ⓐ大だよ、大。フン。なんでか知ってる？

Ⓑ知らねーよ。「ウンっ」って出すからじゃね？

Ⓐあ、正解。

Ⓑマジで？　オレすごくね？
Ⓐじゃあチンコは？
Ⓑチンコはチンコっしょ。
Ⓐだから理由だよ。
Ⓑ形がなんかチンコっぽいから。
Ⓐ正解。あーダリー。

ウンコチンコの話題でここまで低レベルなものは初めて聞いた。今までのところ、こいつらがP高のチャンプかも。

さっきのコンビニ店内で立ち読みをしている生徒たちを見つけた。接近だ。

Ⓐこれ超欲しいんだけど……あー、高っ！
Ⓑいくら？
Ⓐ1万4千円。え〜、バイトすっかなー。
Ⓑウチの兄貴のバイト紹介してやろうか？
Ⓐやるやる。

Ⓑあ…でもオマエにはレベル高すぎるかな。
Ⓐんだよ。なんのバイト？
Ⓑテキヤ。年末やるんだって。
Ⓐぜんぜんやるし！
Ⓑタコ焼きとか焼けないっしょ？
Ⓐなんとかなるっしょ、オレの運動センスなら。
Ⓑ別にすごくねーじゃん。
Ⓐは？　スゴイんだけど。こないだの反復横とび、75回だからね。
Ⓑそんなに？　じゃあできるかもな。兄貴に言っといてやるよ。

タコ焼きバイトはレベルが高いと主張するB。その言葉を受けて、運動神経の良さをアピールするA。それを聞いて「できるかも」と納得するB。ここにもバカの循環が起きていた。

バイトを辞める側が「ご縁がなかったということで」

学校を離れた駅前で、P高の制服を着た二人が一つのイヤホンを共有しながらモメていた。

Ⓐいきものがたり？
Ⓑいきものがかりだよ。

🅐いきものがたりでしょ？
Ⓑいきものがかりだよ。
🅐合ってんじゃん。
Ⓑだからいきものがかりだってば。
🅐いきものがたり。
Ⓑいきものがかりだっつーの。
🅐合ってんじゃん。
Ⓑいきもの、がかりだよ。
🅐いきものじゃねーの？
Ⓑそっちじゃなくて、がかりのほうだって。
🅐がたりのほうって何？
Ⓑあー、もういいや。
（会話をやめておとなしく音楽を聴く二人）

こんな単純なことを伝える能力もないとは。でもモメながらもイヤホンを共有しつづけるあたりが微笑ましい。

彼らの少し先に、自転車を停めてたむろする二人組がいた。メガネをかけた方は露骨にしょげた表情だぞ。

Ⓐだから辞めりゃいいじゃん。
Ⓑぜってー言えない。店長に殺される。
Ⓐ大丈夫だよ。
Ⓑあー、ガンになったってことにしようかなぁ。
Ⓐガンってそんなしょっちゅうなるわけねーだろ。
Ⓑオマエ代わりに電話してくれね？
Ⓐオマエのふりして？
Ⓑ友達ってことで。伝言みたいな感じで。
Ⓐガンって言うの？
Ⓑそれでいいから。お願い。
Ⓐなんて言えばいいんだよ。
Ⓑああっと、こういうのってなんかちゃんとした言葉みたいのあったよな。
Ⓐ「ご縁がなかったということで」とかじゃね？
Ⓑそれかも。「今回はご縁がなかったということで」でいいよ。
Ⓐ電話してやるから今度メシおごれよ。
Ⓑいいよ。いまする？

Ⓐちょっと練習してから、後でするわ。

バイトを辞めたがってるほうが「ご縁がなかった」のフレーズを持ちだそうとしている。ドキドキしてきた。その電話、めっちゃ聞きたいんですけど。

駅の反対側に目をやるとファミレスが見えた。のぞいてみるか。あ、いたいた。P高校の制服二人組がいる。斜め向かいの席に陣取ろう。

Ⓐどこ行く？
Ⓑオレちょっと…。
Ⓐなに？
Ⓑいや、ちょっと。
Ⓐなんだよ。デート？
Ⓑまぁ…。
Ⓐいいなぁ。つーか一緒に行っていい？
Ⓑなんで？
Ⓐオレ暇なんだよ。

Ⓑああ。

🅐だから、いいじゃん。

Ⓑいいけど、オレ、彼女の家に行くんだよ？

🅐大丈夫、おとなしくしてるから。

Ⓑちょっと聞いてみるわ。

（電話しはじめる）

Ⓑああ、もしもし。あのさ、今日、ケンタも一緒に行っていい？ ……え、なんで？ ……でもおとなしくしてるって、うん、え？ ああ。わかった、じゃ。

（電話終了）

Ⓑなんか散らかってるからダメだって。

🅐マジかぁ。

Ⓑごめんな。

🅐いいよ。


素晴らしい。友達のデート、しかも彼女の自宅での逢瀬になぜか参加しようとするAと、それを拒もうとしないB。さらに『散らかってるから』とよくわからん理由で断る彼女。これ以上ない素敵な三角関係だ。

ファミレスを出て駅に向かう。もう18時を過ぎているのに駅前でたむろする生徒の多いこと多いこと。
ずいぶんな腰パンの二人組がいるけど何しゃべってんだ。

Ⓐ F1おもしろいって。
Ⓑ ぐるぐる回ってるだけじゃん。
Ⓐ じゃねーよ。見てみなって。
Ⓑ 見ないでもわかるって。
Ⓐ 見なきゃわかんないだろ。
Ⓑ わかるって。
Ⓐ なんで見ないでわかるんだよ。
Ⓑ 自転車食べないでもマズイってわかるじゃん。
Ⓐ わかんないよ。
Ⓑ じゃあ食えよ。
Ⓐ 食うよ。
Ⓑ じゃあこれ食えよ（自転車を指さして）。
Ⓐ ………。
Ⓑ マズイから食わないんじゃん。
Ⓐ こんど食うよ。じゃあオマエもF1見ろよ。

Ｆ１を見る見ないの話題が、いつのまにか自転車を食う食わないにすり替わってるこの見事さ。飛躍にもほどがあるぞ。

Ｐ高校にハズレなし。今後も勉強などせずに、全国トップのレベルを維持していただきたい。また、彼らに勝るバカ高をご存じの方は一報を。

REPORT 5

稲川淳二も宜保愛子も恐れをなした幽霊ペンションに泊まる

リポート／藤塚卓実

全国には「心霊スポット」と呼ばれる場所がいたるところに存在する。殺人事件現場だったり一家心中の屋敷だったりと何かしらいわくがあり、霊の目撃例が絶えないとされる場所だ。

これ、オカルト好きの人間にはタマらんのかもしれないが、心霊なんてまるで信じないおれにはまったく興味のないジャンルだ。あんなもんをキャーキャー怖がったりするなんて実に幼稚でアホくさいとすら思っている。

しかし、福島県にある廃墟、通称「幽霊ペンション」の噂だけにはちょっとばかり心をひかれた。

稲川淳二と宜保愛子（故人）が同地を訪れた際、大人げなくビビりまくったというのだ。特に宜保の恐れかたは尋常じゃなく、ペンションへの立入りすら拒んだ逸話も残っている。

こやつらの霊能力なんて信じちゃいないし、霊でメシ食ってる連中が怖い怖い言うのを真に受けるほどガキでもない。でも霊能界の2大ビッグネームが揃ってたじたじになったってのは好奇心をくすぐられる。どんなとこだろうとドンドコ入っていって能書き垂れてギャラもらうべきヤツらが。

奇怪な現象が次々と…

このペンション、もしかして本当に〝何か〟あるのか？　ないに決まってる。でもちょっくら様子を探る価値はあるように思える。よし、現地で一晩じっくり過ごしてやろうじゃないの。

この町の連中はみんなしてビビらせようとする

都内からレンタカーを飛ばして3時間、単調な景色の続く、色濃い緑におおわれた峠道の先に、突如、大きな湖が現れた。有名な猪苗代湖である。

目的の廃ペンションは確かこの辺りだったはず。詳しい場所は地元の人に聞くとしよう。

「あのチャリに乗ってるニイチャンがいいんじゃね？」

助手席に座る友人の浜野が口を開いた。今回の取材、単独じゃ何かと不便だろうと同行してもらったのだ（怖かったわけじゃない）。

車の窓から顔を出し、自転車のニイチャンを制止する。

「幽霊ペンションに行きたいんですけど、場所わかりますかね？」

「あそこに行くの？」

「ええ」

「行き方は教えるけど、やめたほうがいいよ」

「どうしてです？」

「本当に出るからヤバイよ」

彼は、幽霊ペンションにまつわるウワサを、まるで地元自慢でもするかのように語った。

「あそこは2人死んでるんだよね。経営難を苦に首をつったオーナーとその子供。子供はオーナーの奥さんが殺したんだって」

穏やかじゃない。でもそいつは40年ほども前の出来事で、しかも伝聞の10乗ぐらいの噂である。尾ひれがついて広まったと考えるのがスジだ。たぶん誰も死んでなかったりするんだよね。

ニイチャンの教えてくれたとおりに走ってみたが、目的地にはなかなか辿りつけなかった。ペンションに通じるという「めちゃくちゃ狭い小道」が見つからないのだ。

しょうがない。今度はあそこの高校生に尋ねよう。

「ペンションですか？ 方向が逆ですよ。Uターンして次の交差点を左です。あそこ、子供の霊が背中に張り付くらしいから気をつけてください」

完全に朽ち果てている

しかしその道にも狭い小道は見あたらない。じゃあ次はコンビニのおっさんだ。

「もっと向こうです。ペンションの帰り道は、よく事故に遭うらしいから気をつけて」

なんだよ、この町の連中はみんなしてビビらせようとして。わざわざ気分を高めてくれてんの？

鳥の一羽さえ見つからない

ようやくそれらしい小道を見つけたのは、そろそろ日も暮れかかった夕方5時過ぎだった。

両脇を雑木林に挟まれた細い道をそろりそろりと進むと、やがて樹木の向こうに、朽ち果てた白い洋館がボウッと見えてきた。とんがり屋根のモダンな造りだ。

車を降り、あらためて外観を眺める。廃墟になってから相当な年月が経っているらしく、屋根や壁のいたるところが崩れ落ちている。

「中に入ってみようぜ」

「おう」

レンガ階段をのぼり玄関へ足を踏みいれる。床の上は腐った木材やゴミの類がびっしり。壁はいたるところスプレーの落書きだらけだ。物好きどもがしょっちゅうやってくるのだろう。

1階の中央には大きな暖炉がデンと構えている。かつて大勢の客がオーナー夫妻と共に暖をとったのだろう。

フロアを左側へ進む。どうやらかつての客室跡のようだ。

続いて右。こちらにも客室がいくつかあり、共用トイレも並んでいる。

階段を上がって2階へ。こちらもおそらく客室か。奥には風呂場の浴槽が残っている。以上で全て。朽ち果ててはいるが、なんてことのないありきたりなペンションだ。自殺の跡ももちろんなければ、鳥の一羽さえ見つからない。

「ただの廃墟だよな」

「ああ、ほんとにこんなトコ、宜保愛子が怖がったの？」

「たぶんテレビの演出なんじゃん？」

コンロもライターも火が点かず

やがて陽は落ちた。

中央の暖炉

おれたちは、ペンション中心部とも言える1階暖炉前にテントを張り、メシの支度を始めた。今夜はここで宿泊だ。途中で買ったバーベキュー用の肉や野菜、刺身、乾き物、そして大量の酒を並べ、すっかりキャンプ気分だ。
さあ、焼こうぜ、食おうぜ。
いざカセットコンロに点火…しようと思ったら、壊れているのかカチャカ

廃棄物を捨てていく者もいるようだ

チャ音がするだけだ。ガスボンベは半分以上残ってるのに。

しゃーない、１００円ライターを使おう。シュ、シュ、シュ。……点かない。

「なにやってんの？　ガスないんじゃね？」

「いやいや、さっきのコンビニで買ったばっかだし」

「石がないとか？」

「火花ちゃんと出てるよ」

耳を近づければガスの噴射音もするし、匂いもする。だったらなんでじゃ？

ライターはこれひとつ。火が使えなけりゃメシも食えない。コンビニまで戻って別のを買ってくるか。

新しいライターは問題なく作動し、ようやくコンロに火が灯った。やっぱさっきのは壊れてただけだったんだな。

フライパンで肉をジュージュー焼きつつ、辺りを見回す。すでに外は真っ暗な闇におおわれ、雑木林からひんやりとした冷気が漂ってくる。そして耳を澄ませば、かすかに聞こえる甲高いノイズ。

「くおおーん、くおおーん」

近くの高速道路を走る車の騒音だ。聞きようによっては女の叫び声にも似ている。意外とこれが

趣のある階段

2 階はこんな様子

心霊の正体だったりするのかもな。正体見たり枯れ尾花ってか。

ふと浜野が口を開いた。

「おい、刺身がないいんだけど」

「は？」

「刺身だよ刺身。コンビニに行くまでここにあったじゃん！」

ホントだ。刺身パックが丸ごと消えてる。野良猫にでも持っていかれたか。

「猫だよ」

「あ、猫か。そりゃそうだ」

「そうそう、はははは」

「ははは」

心なしか浜野の顔が引きつり気味だったのは、おれと同じことを思い出していたからかもしれない。このペンション、夕方歩き回ったときには動物の気配すらしなかったことを。ま、夜はまた別なんだろけど。

車のロックが勝手にガチャ

ビールを飲みながら気分よくくっちゃべってるうちに、時刻は午前2時になっていた。いわゆる丑三つ時。霊現象うんぬんを調査するならこの時間帯にこそ活動せねば。

赤外線ビデオカメラを取りに、おれはひとりでレンタカーへ戻った。確か後部座席に置いといたはずだ。

ふぅ、外は冷えますなぁ。ビデオカメラ、ビデオカメラと。

右手を車のドアの取っ手に触れようとした瞬間だった。

ガチャッ。

ロックの音だ。はずしっぱなしにしておいたロックが、今、まさにこの瞬間、勝手にかかったのだ。

思わずズボンのポケットをまさぐり車のキーを取り出す。おれ、リモコン押したか？

ぞわっとしつつカギを開け、ビデオを持って小走りに暖炉前へ戻る。

「なあ、ロックが勝手にかかったんだけど」

「は？　んなわけないじゃん。最初からかけてたんだろ」

「お前、かけた？」

「おれ、カギ持ってないじゃん」

「だよな…」

音はまだ耳に残っている。

ガチャ。

ガチャ。

あんな空耳ないよな。

電気機器をおかしくする磁場でも流れてるのか

「じゃ、行くか」

「おう」

ロウソクを差した段ボールを燭台代わりにして、おれたちは歩き出した。赤外線ビデオのスイッチをオン。

……動かない。ビ――とノイズ音が鳴るだけで、カメラが作動しないのだ。

この波状攻撃、いったいどう理解すればいいのだろうか。ライターや刺身は合理的な説明ができるけど、カーロックとビデオはおかしくね？　電気機器をおかしくする磁場でも流れてるのか。

「どうする？　もう寝る？」

ロウソクの炎に顔を照らされながら、浜野が提案する。

おれもテントに潜り込みたい気持ちは山々だが、いま引き下がっては男が廃る。むしろここは攻めるべきなんじゃないのか。

「二手に分かれてみっか」

「え？」

わざと1人になって恐怖心を湧き起こしたほうが、些細なことも霊現象に思えるもの。いわば肝試しだ。

「マジ？」

「ああ、せっかくだしそれぐらいしたほうがよくない？」

「ふうん、じゃあおれ2階行くわ」

「じゃあ、おれ裏手に回るよ」

表玄関から外へ出て、壁に沿うようにしてペンション裏側へ。見えるのは雑木林ばかりだ。枝を風にわさわさとなびかせている。

ふとロウソクの火が消えてしまった。ポケットのライターをこすってみたが、あいにくこいつは

雰囲気はあるっちゃある

壊れたほうだ。ちっ、暖炉に忘れてきたか。

「浜野ー、そっちどう？　おーい、浜野ー！」

反応がない。勘弁してよ。

暗闇の怖さに耐えきれず、暖炉の前に戻ってみると、すでに浜野は寝袋に潜る準備をしていた。

「なんだよー。　ロウソク消えたから何度も呼んでたのに」

「いや、なんかバシバシ怖い音したからびびっちゃって」

バカ野郎、それは雑木林の揺れる音だっての。

テントで眠るうちに夜は明け、おれたちは安全運転を心がけて東京へと舞い戻った。

そして、これは「やはり」と言うべきなのだろう、東京ではビデオカメラはまったく異常なく作動し、カセットコンロもちゃっかり炎を上げたのだった。

「マジかよぉ」

「単なる偶然っしょ」

苦笑いしながらタバコに火を点けたそのライターが、あの壊れたほうのやつだと気づいたときは、少し背筋が寒くなった。

以上、5月10日から11日にかけて起きた出来事である。

REPORT 6

ジャイアンツは攻撃中だけ飛ぶボールを使っている疑惑を追及する

リポート／平林和史（編集部）

大の中日ファンの私と虎キチの『裏モノＪＡＰＡＮ』編集長・佐藤は〝犬猿の仲〟である。しかし先日、珍しく一つの疑惑について互いの意見が一致した。

〈東京ドームでは、ジャイアンツの攻撃中だけ飛ぶボールを使っているのではないか？〉

巨人のクリーンナップがちょこんと当てただけの打球や、軽〜く流したボールがスタンドインする一方で、中日や阪神の主軸の打球はフェンス際で失速するような気がしてならないのだ。

プロ野球に使われる公式球は、大きさはもちろん、重さも反発力もすべて同じでなくてはならないことになっているが、表面上さえ同じに見えれば細工なんていくらでも可能である。

昭和55年4月の近鉄対ロッテ戦で、ある事件が起きた。あまりにも近鉄打者がポンポン飛ばすため、ロッテ側がボールのチェックを要求したところ、1個だけコミッショナーの刻印がされていない非公式な〝飛ぶボール〟が見つかったのだ。

調査の結果、意図的な使用ではなく、練習で気持ち良く打たせるためのバッティングボールが紛れ込んだだけという結論で落ち着いたのだが、この一件は野球界全体に灰色のモヤをかけた。〝飛ぶボール〟を試合にこっそり使うことは絶対に不可能なわけではないのである。

「ジャイアンツは勝つためには何でもしよるからな。だいたい、坂本なんかがホームランぽんぽん打つなんておかしいやろ」

まったく同意見だ。

読売よ。お前たちの悪行は私が暴いてやる。

追及① ボールの流れを調べる

問題はボール交換のタイミングである。はたして、攻撃と守備とではっきりと使い分けなどできるものだろうか。

高校野球では、チェンジになるとボールがマウンド付近に転がされ、そのまま相手ピッチャーのグラブに収まるシーンが思い出される。つまり、少なくともAチームの最後の打者とBチームの先頭打者は同じボールだ。使い分けなどできない。

チェンジになったら、巨人選手はスタンドに放り込み…

相手選手はベンチに持ち帰る

プロ野球はどうだろう？　テレビではそのあたり、よくわからないのだが。

まずはボールの流れをチェックすべく、東京ドームで巨人対中日を観戦してみたところ、疑惑は加速した。

巨人が守備を終えた際のチェンジ時のボールは、すべて一塁側の客席に投げ込まれるのだ。レフトフライであれ三振であれ、すべて同じ。野手はボールを持ってベンチ前に戻り、そこで客席に放り込む。これ、ファンサービスを装ってはいるが、本当は〝飛ばないボール〟を相手側に渡したくないだけではないのか。

逆に相手側が守備を終えたときは、ボールはベンチまで持ち帰られる。そのまま練習球にでもなるのだろうか。

とにかくこれで、攻守交代のときは必ず新ボールへ切り替わることがわかった。大きな収穫だ。ボールの流れに不自然さがないのだから敵チームも観客の目も欺ける。あとは、審判とボールボーイを買収すればいいだけだ。読売ならそれぐらいのことは平気でやる。

追及② 巨人ボールの入手

ではいよいよ本格的な追及へ動こう。方法は簡単である。

〈ジャイアンツ攻撃時のボール〉

〈相手チーム攻撃時のボール〉

この2種を入手して詳細をチェックすればいいだけだ。

8月下旬、私は再び東京ドームにやってきた。巨人対中日。大事な一戦だ。もちろん巨人はこの試合も「飛ばしたい」はずである。

私の狙いはファールボールだ。東京ドームではホームランはもちろん、ファールボールも持ち帰れることになっている。このファンサービスが悪行のほころびにつながろうとは読売も想像できていないだろう。

ところがまず球場に入る前に、ひとつの関門が。捕球用に用意した大型虫取りアミを没収されてしまったのだ。こうなりゃグラブひとつで勝負するしかない。

着席した三塁側（中日応援側）の内野1階席は、オレンジ色のタオルとメガホンが目立った。坂本のホームランを本物と信じている、まったくもっておめでたい連中である。

プレイボールから間もなく、巨人の選手が三塁側へファールを打った。あわてて通路を走って追いかけたが、ボールははるか彼方、内野席のちょうど真ん中あたりにいる男性の元へ。

…計画は早くも破綻しかけている。せっかくグラブ持ってきたけど、自力でキャッチなんてできっこないのでは？

さあ、バッチ来いや〜〜

となれば交渉しかあるまい。ファールボールなんてたいした価値はないのだから、あのニイちゃんだって譲ってくれるだろう。

「すいません、ちょっとよろしいですか？」

「はぁ、何か？」

「実はそのボールに、ある問題がありまして…」

なぜ巨人の主軸があんなに打てるのか、なぜ打ち損ないがホームランになるのか、そのあたりの疑惑を懇切丁寧に説明したところ、男性は苦笑いを浮かべた。

「ふうん、なるほど。それはあるかもしれないですね」

どうやら彼は中日ファンらしく、私の解説にいちいちうなずいてくる。

「なので協力してください。読売を叩くために」

「わかりました。どうぞ」

追及③ 敵ボールの入手

ほどなく中日の4番のファールボールが飛んできた。最終的にキャッチしたのは、オレンジ色グッズに身を包んだ巨人ファンの少年である。5～6人の友達と来たのだろう、周りにいる少年たちもやんややんやの大騒ぎだ。相手は小さな子供。夢を壊すのはよろしくないが、現実を伝えてやるのも大切なのではないか。

「こんにちは。ボク、ちょっとそのボール見せてもらっていい？」

「うん」

少年が差し出したボールを受け取り、優しく尋ねる。

「誰のファンなの？」

「坂本！」

「ふうん、よく打つもんね。でもインチキしてる可能性はあるよ。あのね…」

初めて耳にするであろう、大人の汚い世界を教えてあげると、案の定というべきか、少年に加え周りの友達も敵意をむき出しにしてきた。

「そんなことあるわけないですよ」

「うん、どっちかわかんないけどね。ところでこれ中日のファールだから、別に欲しくないでしょ？」

「欲しいです」

「お願い、ちょうだい！　お願い！　おじさん、中日の大ファンなんだよ」

粘ること10分、ジャイアンツのタオルを5枚買ってやることで交渉はまとまった。最近のガキは手強いよ。

お願いだからおじちゃんにちょうだい！

追及④ 打ち比べる

はたしてこの手元の2球、反発力は異なるのだろうか。地面に落とすぐらいでは差はわからないので、実際にバットで打ってみることにしよう。

バッターはかつて青森県代表として甲子園の土を踏んだ経験のある男性だ。

まずは巨人ボールから。カキーン。続いて中日ボール。スコーン。さすがによう打つわ。

青森代表では違いがわからず

拾いにいって、今度は中日ボールから。はい、次は巨人ボール。

フリーバッティングを5回繰り返し、それぞれ最高の当たりがどこまで飛んだかを計測してみたところ、僅か2メートルほど巨人ボールの方が遠くに飛んでいた。アマチュアでこの差なら、プロだと5メートルぐらい変わってくるんじゃないか。

しかし元高校球児は、

「どっちも同じじゃないですかね。ちょっと私にはわかりませんでした」

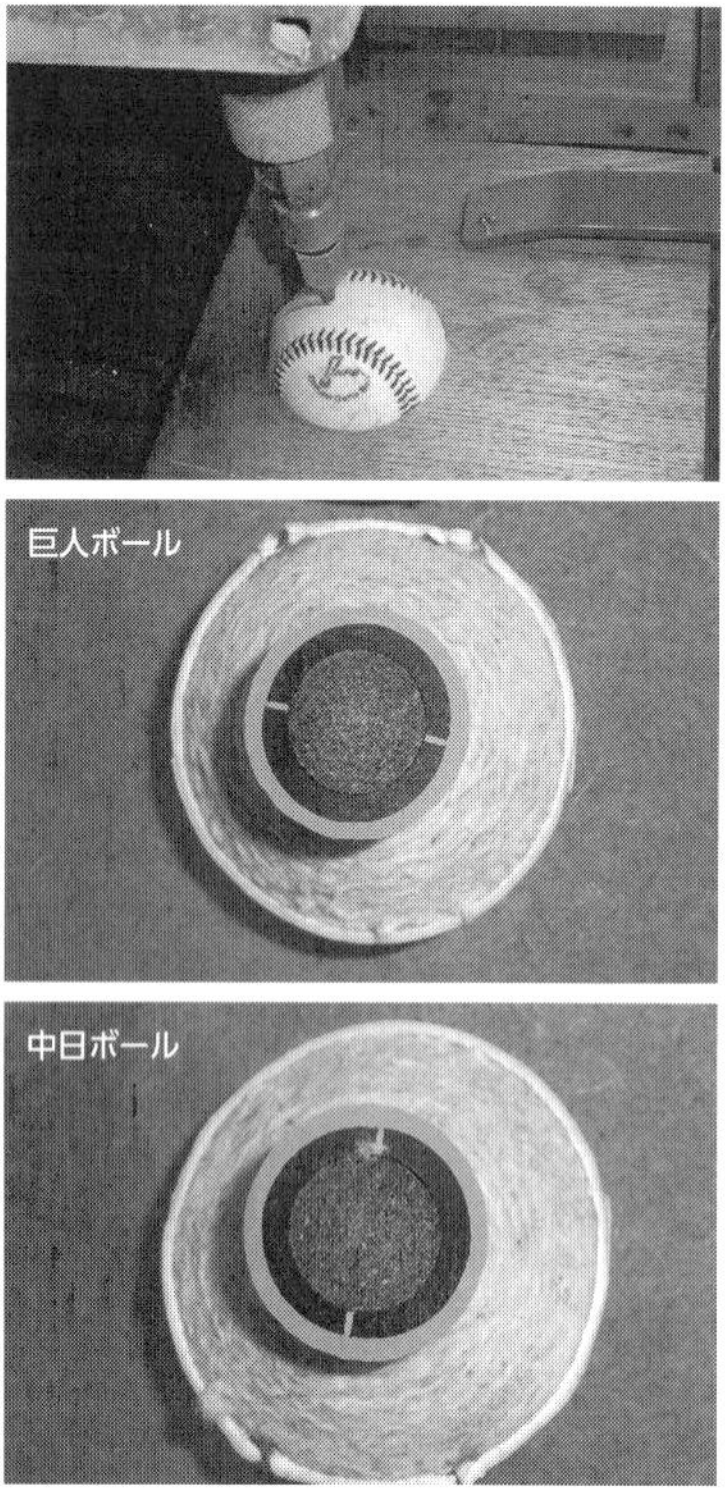

かくなるうえは…？　切断！

青森代表ぐらいじゃダメか。横浜かＰＬ出身なら断言できただろうに。

切断する

もう切断しかない。２つのボールを真っ二つにして中身を調べるのだ。（88ページ参照）判断は皆さんの目で行っていただきたい。右と左、どこかに違いはないだろうか。

合点のいかぬ結果となってしまった。ならばなぜ坂本の打球はあんなにも飛ぶのか。謎は深まるばかりだ。

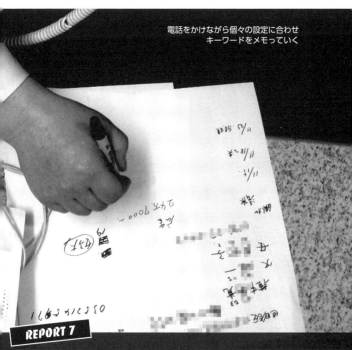

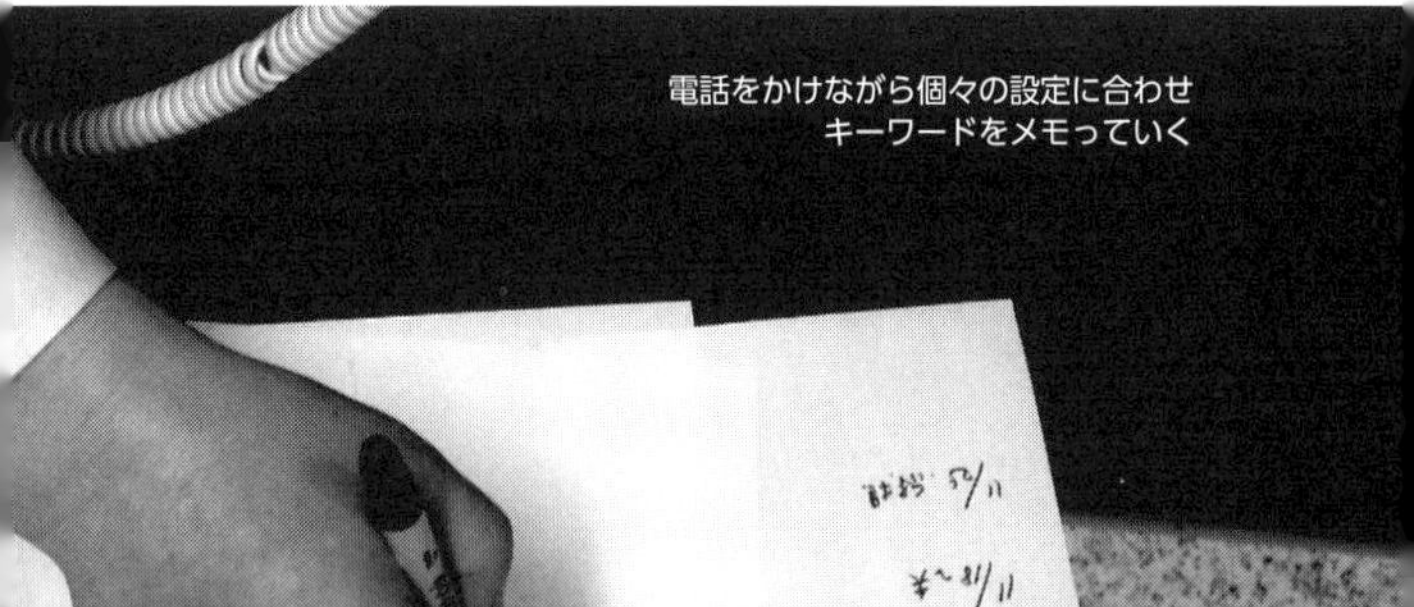

電話をかけながら個々の設定に合わせ
キーワードをメモっていく

REPORT 7

現役業者が電話をかける！
振り込め詐欺実験 編集部員の親は騙されるのか？

リポート／木村訓子（編集部）

これほど問題になってるのになぜ被害が出るのか?

２００８年、『振り込め詐欺』の被害が急増した。警察庁のまとめによると、全国での被害総額は１～11月の11カ月間で約２６４億円。なんと、毎日およそ8千万円のお金が騙し取られている計算になる。

「オレだよオレ」と、孫や子供を装って現金を振り込ませる『オレオレ詐欺』が社会問題となって5年。『架空請求詐欺』だ『貸します詐欺』だと次々に新たな手口が出現。昨年からは税務署や社会保険庁を名乗って「払いすぎた税金を返したい」と相手をＡＴＭに誘い出し、携帯で操作誘導しながら逆に預金を振り込ませる『還付金詐欺』が横行しているという。

むろん、当局も手をこまねいていたわけじゃない。04年に銀行口座の売買自体を禁じる『本人確認法（金融機関等による顧客等の本人確認等に関する法律）』が、06年には『携帯電話不正利用防止法』が完全施行され、携帯電話やＰＨＳの不正譲渡も禁止された。

法律だけでもなく、ＡＴＭ周辺では銀行員や警官が目を光らせているし、テレビや新聞などでも連日のように『振り込め詐欺』への警戒を呼びかけている。

主なターゲットが高齢者とはいえ、これだけ問題になっているのに、そう易々と詐欺師たちの術中にハマるものだろうか。

疑問を解明すべく、編集部では大胆な実験を試みることにした。ライターやネタ元のツテを辿り、現在、『振り込め詐欺』を生業にしている人物と交渉。編集部に出向き、目の前で電話をかけてもらおうというものだ。

もちろん、そのために第三者を被害に遭わせるわけにはいかない。そこで、ターゲットは編集部員の親とする。

本来なら編集部全員で試したいところだが、詐欺をしかけるなど親不孝の極み。場合によってはショックで体調を壊してしまうかもしれないし、「実験でした」で済まない可能性もある。

話し合った結果、種市、藤塚と、わたくし木村の3人が貧乏くじを引いてしまった。

11月下旬の金曜日午前11時。鉄人社の応接室に詐欺師が到着した。スーツを着た姿は、ごく普通のサラリーマンに見える。

「じゃあ、それぞれ自分の住所氏名と、ご両親の名前、電話番号を書いてください」

いつもは保険会社から流れてくる顧客リストを見ながら、1日100件近くの電話をかけてるとか。相手に脈があるとなれば、警察だ弁護士だと複数人で電話口に出て、追い込むのが常套手段らしい。

だが、そこまで細工を施すとなると、実験後の親子関係が危うい。今回は、1回の電話を切るまでに「払う」と言うか言わないかをゴールとした。

種市の母親の場合　持ち逃げした広告費を振り込め!

詐欺の口実として、一番成功率が高いのが会社等の使い込みだそうだ。ここ何カ月、実家に連絡を入れてないという種市くん。それを逆手に、会社のお金を持ち逃げして本人と連絡が取れないとの設定で、上司を装い電話をかける。

種市母（以後、母）もしもし。

詐欺師（以後、●）あ、種市さんでしょうか。

母―はい。

●―私、東京鉄人社の清水と申します。

母―はい？

●―憲寛《のりひろ》くん（種市の名前）の会社の者なんですが。

母―あ、お世話になります。

●―どうも、こちらこそ。でね、あのお母さん、ちょっと相談がありまして。

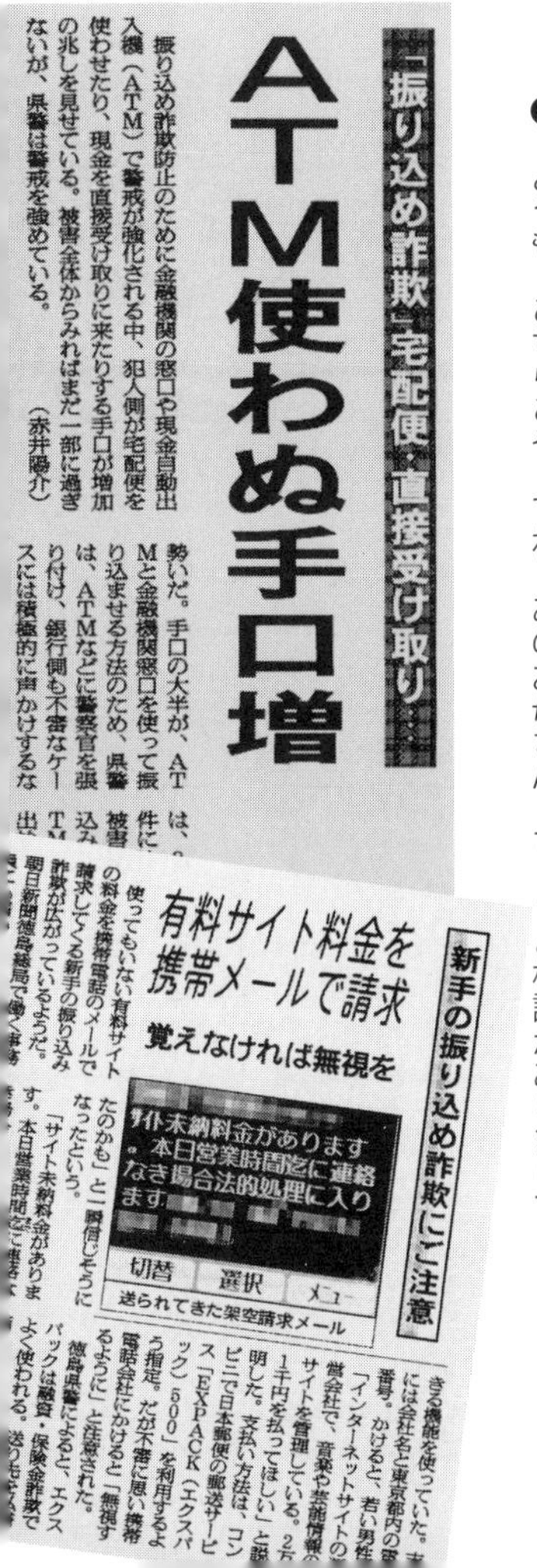

「振り込め詐欺」宅配便・直接受け取り…

ATM使わぬ手口増

振り込め詐欺防止のために金融機関の窓口や現金自動出入機（ATM）で警戒が強化される中、犯人側が宅配便を使わせたり、現金を直接受け取りに来たりする手口が増加の兆しを見せている。被害全体からみればまだ一部に過ぎないが、県警は警戒を強めている。（赤井陽介）

勢いだ。手口の大半が、ATMと金融機関窓口を使って振り込ませる方法のため、県警は、ATMなどに警察官を張り付け、銀行側も不審なケースには積極的に声かけするな

新手の振り込め詐欺にご注意

有料サイト料金を携帯メールで請求

覚えなければ無視を

使ってもいない有料サイトの料金を携帯電話のメールで請求してくる新手の振り込め詐欺が広がっているようだ。毎日新聞徳島総局で働く事務

送られてきた架空請求メール

たのかも」と一瞬信じそうになったという。

「サイト未納料金がありま す。本日営業時間迄にご連絡

きる機能を使っていた。

には会社名と東京都内の電話番号。かけると、若い男性が「インターネットサイトの運営会社で、音楽や芸能情報のサイトを管理している。1千円を払ってほしい」と説明した。支払い方法は、コンビニで日本郵便の郵送サービス「EXPACK（エクスパック）500」を利用するよう指定。だが不審に思い携帯電話会社にかけると「無視するように」と注意された。

徳島県警によると、エクスパックは融資・保険金詐欺でよく使われる。

いま手がけている、不動産会社から流れてきた顧客名簿とか

母―はい。

●―あのぅ、5日ほど前にですね、種市くんに広告のスポンサーさんからの集金をお願いしたんですが、その後、本人が会社を休まれてまして、連絡も取れないんですよ。

母―はい…。

●―で、明日、経理の方の監査があるもんですから、どうしようかと思いまして。私も経理の方に言うわけにもいきませんし。

母―はい…。

●―私、憲寛くんの上司というか先輩に当たるもんですから。

母―はい…。

●―まあ、どうしようと思ってお電話したんですが。

母―はい…。

●―そちらに連絡ないですかね、本人から？

母―いえ…。じゃずっと会社休んでるんですか？

●―ええ。

母―それって届けを出して休んでるんですか？

●―じゃないんですよ。一応、私の方から会社には体調不良ということで言ってあるんですが。

母―……。

●―スポンサーの方に確認したら、憲寛くんに渡して領収書ももらってるって言うんですよ。

母―はい…。

●―なので、お金を持ってどこかに行っちゃったのかなと。

母―そのお金って大きいお金なんですか。

●―24万7千円ですね。

母―ええ。

●―本人の携帯にかけてもつながらないもんですから。

母―ああ、そうですか。そうしましたら、いま出てる番号にお電話したらよろしいですか。

●―はい、いいです。ただ、表沙汰になって警察だなんだってなるとマズイので、会社には報告してませんから。

母―どうもすみません。お名前、もう一度お願いします。

●―清水です。

母―えーそうですか。明日に経理の監査があるってことですね。では、夫と相談してご連絡いたしますので。

お母さんの声は、半信半疑といった感じか。電話を切った直後に種市くんの携帯に着信するがあえて無視。5分ほど経って本人から電話をすると、お父さんと話し合い、すぐにお金を用意しようとしていたらしい。

ただ、念のため自宅にあった「裏モノＪＡＰＡＮ」を確認し、奥付（最終ページ）に『清水』の名前がなかったのが引っかかったとか。しかし、本人と連絡が取れないままなら振り込んでいたに違いない。

藤塚の母親の場合

通勤途中に、女子大生に痴漢!?

通勤途中に痴漢をして警察に突き出された設定で、示談金を肩代わりしてほしいと電話。実際は、警官役の後に弁護士役が電話をかけお金の話を持ち出すそうだ。

詐欺師（以後、●）藤塚××さん（お父さんの名前）のお宅でしょうか。
藤塚母（以後、母）はい。
●―私、警視庁鉄道警察隊新宿分署の杉本と申しますが、
母―はい。
●―卓実さんはおたくの息子さんでしょうか。
母―はい。
●―本日9時50分頃ですね、

母―はい。
●―新宿三丁目駅でですね、
母―はい。
●―息子さんが女子大生の方の身体に触れたということで、
母―はい。
●―こちらの方に身柄を保護しておりまして。
母―はい。
●―先方の被害者の方の、
母―はい。
●―父親の方と今、話をされておるんですが、
母―はい。
●―御本人が和解をしたいということで話をすすめておるんですが、
母―はい。
●―まあ、和解金の方が本人が仕度できないということでして。
母―はい。
●―本来、警察は民事不介入なのですが、本人からどうしても実家に連絡してくれと頼まれたので、こうしてお電話したわけで。
母―ええ。

●—会社には内緒にしてくれとのことで、そちらにはまだ連絡をしておりません。

母—はい。

●—先方も、和解をするんであれば被害届を取り下げると申してますので、これ以上は身柄を拘束することもありません。

母—はい。

●—ただ和解をしないのであれば、東京都の迷惑防止条例によって留置所に拘束する形になります。

母—はい。

●—被害者の方から和解金ということで…

母—本人と替わってもらえますか。

●—拘束中ですのでそれはできないんですよ。

母—わかりました。そしたら今仕事中なので、こちらから改めて電話させてもらいますので電話番号を教えてください。

●—少しお待ちください。

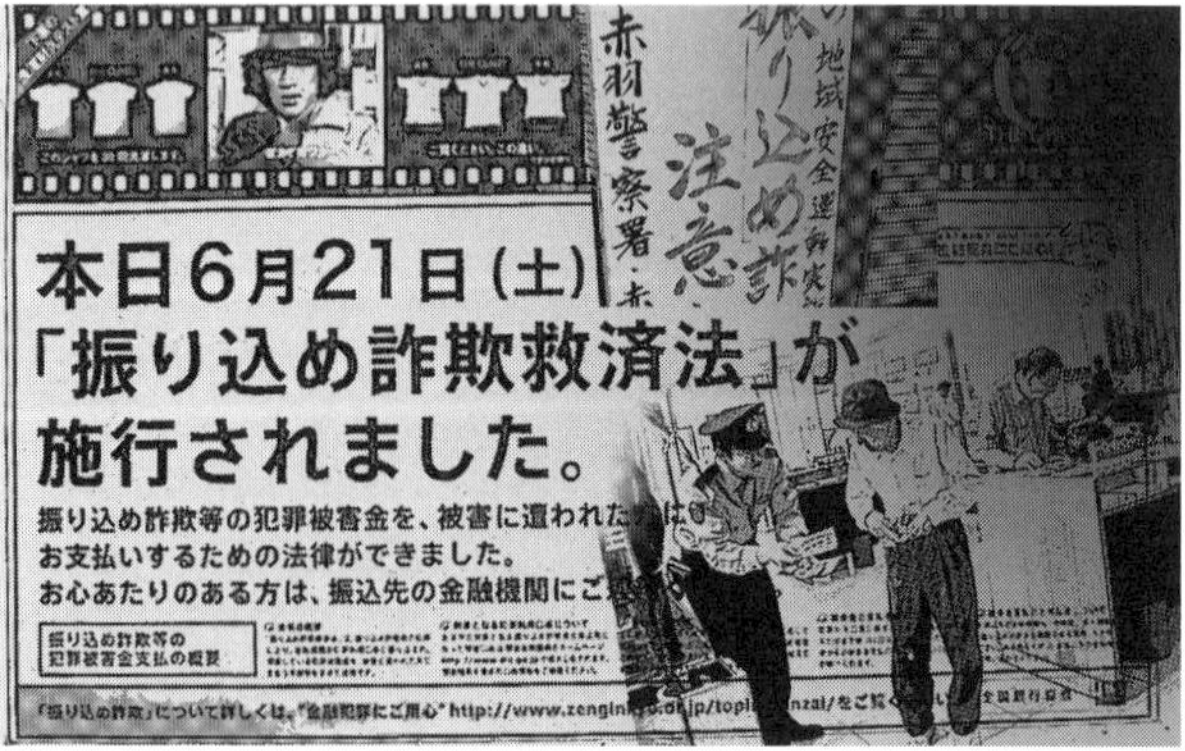

母―もしもし。

●―御本人といま話して…。

母―いいですから電話番号教えて貰えますか。

●―よろしいですか。東京03-5214-5971（鉄人社の番号）です。

母―では、折り返し電話させてもらいますので、すみません。

詐欺師いわく、藤塚くんのお母さんは最初から構えており、通常ならばすぐに諦めて切ってしまうパターンだそうだ。

確かに、受け答えの言葉に動揺してる様子もなく、途中で詐欺師のことばを遮るなど、完全に疑っていた。

しかし、折り返し会社にかかってきた電話に本人が出てネタばらしすると、「もーヤダほんとにー。でもよかった」と大きなため息を。内心は相当心配していたようだ。

木村の母親の場合

飲酒運転で事故。警察を入れず和解したが…

酒気帯び運転で事故を起こした設定で、保険会社を装う。公にしたくないと和解したが、本人と連絡が取れないので、このままだと警察に通報せざるをえない。取りあえず必要なお金を出してほしい、との筋書きだ。

木村母（以後、母）はい。
詐欺師（以後、●）もしもし木村さんでしょうか。
母―はい。
●―私、東京○○火災新宿支店の小池と申します。
母―はい…。
●―あの、いまよろしいでしょうかね。
母―はい…。
●―先日、お嬢さんの訓《くに》子《こ》さんが東京の方で起こされた人身事故の件で電話したんですけども。
母―はい？
●―あのぅ、そちらに訓子さんはおみえじゃないでしょうかね。
母―え？
●―聞いております携帯の連絡先が出ないもんですから。
母―えー、人身事故を起こしたんですか。知らないわ、そんなこと。
●―ええと、一昨日の夜11時半ごろなんですが、お住まいの××マンションの入り口のとこなんですけど。
母―東京の？
●―はい。

母――あら。

●――近所に住まわれてる方の自転車と接触がありまして。

母――えー。

●――まあ、怪我の方は大したことがないんですけども

母――えー。

●――破損しました電動自転車等の損害をお支払いいたしますとのことで、その場で和解されたということなんですよ。

母――あー、そうですか。

●――和解なものですから、本来は保険会社が云々するあれじゃないんですけど、

母――はい。

●――お支払いをお願いしたいと思って訓子さんの方にお電話したんですが、携帯の方がなかなかつながらないものですから。

母――はい。

●――金額の方は12万ちょっとなんですが。木村さんが少しお酒が入っていたもので。

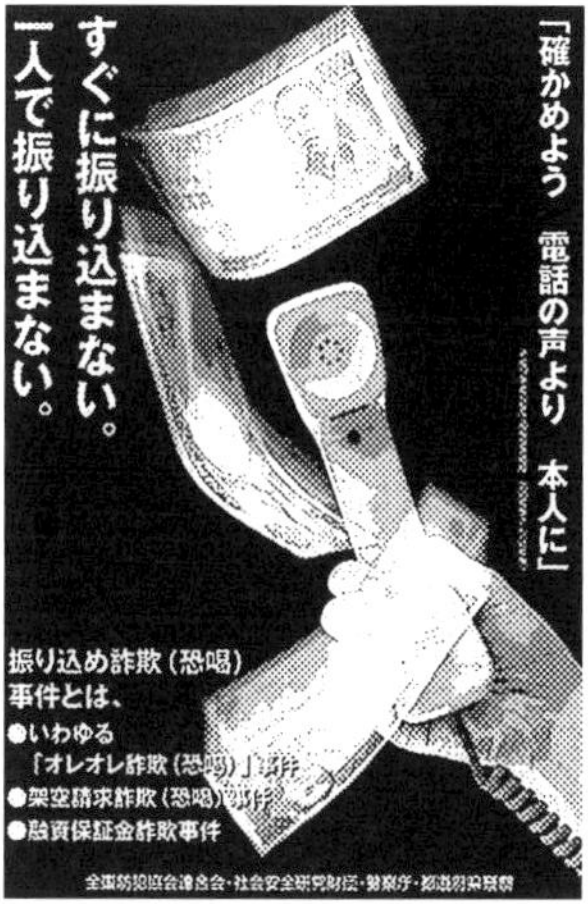

母―まー。

●―それで警察を通さずにってことで和解したのに、全然、連絡が取れないって先方が言ってまして。このままじゃ、今からでも警察に行くというようなことをね。

母―はい。

●―で、ご連絡したんですけどね。

母―じゃ、本人に連絡してみます。

●―こちらも、被害者の方にどうしますって報告をしなくちゃいけないものですから、もし訓子さんと連絡取れない場合はですね、お母さんの方で弁済していただけますかね。

母―何を？

●―自転車の修理代ですね。

母―どのくらいなんですか？

●―12万5千円ですね。

母―警察は呼ばなかったんですか。

●―まあ、お酒が入ってるってことでね。

母―本人ができないならこちらでしますけど。

●―被害者には一度、電話があったらしいんですが、その後、つながらないので私の方に電話があったんですよ。

母―わかりました。本人に連絡して払わせます。

すぐさまかかった携帯に出ないでいると、会社に電話が入った。私が実験だと話せば、「えー、名前を正しく呼んだから本当かと思った」

『訓子』は、常用漢字とは別の特殊な読み方をするので、日頃から、怪しい電話があったら私の名前を正しく言えるかどうかで見極めようと考えていたそうだ。

話すうちに、詐欺じゃないかと疑いだしたが、もし私と連絡が取れなければ振り込もうと思ったという。

現役の詐欺師は、上司役では親身な声で電話に呼びかけ、警官役になると、いかにもな用語を交え話し出す。その変身ぶりに驚いた。

しかし、さすがに『振り込め詐欺』は認知度が高い。詐欺師の言葉をまんま信じ込む親はいなかった。

詐欺かもしれないと思いつつ、万一を考えて払ってしまうのが『振り込め詐欺』被害の実態のようだ。家族への愛情を悪用した、実に悪質な犯罪である。防犯策としては、互いに連絡を頻繁に取り合うこと。そして怪しい電話がかかってきたら、振り込む前に本人や勤務先、他の家族に確認するのが有効だろう。

また、未遂でも、「よかった」で終わらせず、こんな電話がかかってきたと警察に届け出るのが防犯の役に立つこともお忘れなく。

REPORT 8

自分の通夜をこっそり観察する もしオレが死んだら、友はなにを語るのだろうか

リポート／建部 博（編集部）

あいつらは、親友だと思っているのか？

オレももう26歳である。この歳になると、友人の大切さを痛感する。

若い日は、恋人こそが一番だと信じていた時期もあった。信頼できるのは家族だけと感じたこともあった。

でも違う。男にとって最も重要なのは友だ。

利害関係なく、バカ騒ぎもマジメ話もでき、ときに悩みを語り合い、ときにケンカもする、そんな親友がいる幸せ。彼らは人生の宝物だとあらためて思う。

しかし、そう強く感じるからこそ、逆に不安にもなる。あいつらはオレのことを親友だと思ってくれているのだろうか。大切で、かけがえのない男だと思っているのだろうか。

「オレってお前の親友？」

まさかニセ通夜とは思うまい

そんな照れくさい台詞、とても口には出せない。聞かれたほうも面食らうだけだろう。でも友情を確かめる方法はひとつだけある。

オレが死んだことにするのだ。

通夜の席での彼らの態度、話すことば。そこにはオレに対する嘘偽りない本音が出てくるはずだ。聞きたい。ぜひヤツらの思いを聞いてみたい。

月2で飲む友。語れる異性。一緒に住んだ同級生

誰だってそんなもんだと思うのだが、小中学時代ならともかく、大人になっても友人と呼べる相手はそうそういるものではない。

オレの場合、友情を確認したい相手は3人だ。以下に、その関係性を記しておく。

①坂田陽一（愛称・サカタ）　小〜中学校の同級生

家が近かったので、小学校の6年間は毎日一緒に登下校をしていた。

中学1年のころ、近所の公園で2人で殴りあいのケンカをしたことがある。きっかけは覚えていない。些細なことだったと思う。坂田は腕の骨が折れ、オレの顔はパンパンに膨れあがった。

それでも翌日からは元どおり、いやそれ以上に仲良くなった。高校卒業後、そば職人になると大阪に行ってからも、2ヶ月に1度は会っていた。数年前に地元埼玉に戻ってきてからは月2ペースで一緒に飲んでいる。

②桜井杏子（愛称・キョウコ）　高校の同級生

高校時代は特別に仲がいいわけではなかったが、卒業後の飲み会で話がはずんだ。当時の彼氏がオレと仲がよかったので、グチを聞いて励ましてやったこともある。

やがてその男と別れても、オレと杏子はまるでお互いのグチをこぼしあうためだけに集まっては朝まで飲み明かした。

男女の関係はない。親しくなるとついつい体の関係を持ち、結果的に疎遠になってしまうことの多いオレにとって、異性で〝友人〟と呼べるこいつの存在はかなり貴重だ。

③石本琢磨（愛称・イシモト）　大学の同級生

大学に入った初日、可愛い女子に勧誘されてついていったサークルの部室に石本はいた。後から聞けば、石本もその先輩が目当てだったそうだ。

結局二人ともそのサークルには入らなかったが、オレたちは急速に仲を深めていった。

俺は祭壇の裏に隠れるとしよう

授業にも出ず、喫茶店でコーヒーを飲みながらくだらない話ばかりをする大学生活。2年生のころにはヤツの部屋で半年ほど一緒に暮らしたこともある。

今でもときどき当時たむろしていた喫茶店でおちあうのが恒例行事だ。一番の親友と呼べるかもしれない。

この3人、オレの通夜の席で、いったい何を語ってくれるのだろうか。涙は流すのだろうか。いや、それ以前にちゃんと出席してくれるかどうかも気になるところだ。

ニセ叔父の通夜連絡に3人は…

本来ならば家族の協力が不可欠な当企画なのだが、母親、ヨメ共に「縁起でもない」と、ソッポを向いてしまった。たとえウソであっても大事な家族を殺したくないらしい。それはそれで立派な愛情ではある。

実家で行われず、家族も出席しない通夜。この不自然さを解消するための設定はこうだ。

オレが交通事故で急逝し、家族はパニクっている。そこでニセ叔父（編集長サトウ）が喪主となり、簡易的に自分の家で簡単な通夜を執り行う――。

ありえないことではないだろう。あの3人だって疑いやしないはずだ。

お通夜前日、ニセ叔父が3人に電話をかけた。遺品の携帯電話に残った「友人フォルダ」を見てランダムに連絡しているという設定だ。

ニセ叔父の説明

〈もしもし、ワタクシ建部博の叔父です。ヒロシが本日の早朝、交通事故で他界しました。つきましては明日19時から私の自宅で通夜を行いますので、ぜひご出席をお願いいたします〉

①坂田の反応

「え？　本当ですか！　はぁ…。事故ですか。…奥さんは大丈夫なんですか。赤ちゃん産まれるって聞いてましたけど。わかりました、行きます。あ、駐車場ってあるんですかね？」

真っ先にヨメのことを心配してくれた点は評価したい。だがそれにしてもあっさりした印象だ。駐車場の有無なんて、気にするポイントじゃないだろうに。

②杏子の反応

「はい、え…。……わかりました」

死んだと聞いて10秒ほど言葉を失った。非常にリアルな反応だ。

気が動転したのか、その後数回、ニセ叔父の携帯に電話をして会場の場所を確認していた。出席することは間違いない。

③石本の反応

「はい。え⁉　本当ですか？　…信じられないです。それ本当なんですか？　1週間前にも会ったばかりなんです。信じられない。はい…絶対に行きます。なにか手伝えることはありますか？」

お手伝いまで買って出るなんて泣かせるじゃないか。やはり一番の親友と見込んだ男だけのことはある。

その日の夜、オレ自身の携帯に石本から着信があった。未だに信じられないのかもしれない。もちろん出るわけにはいかないのでほっておいた。

友人が死んだのに、その食欲はおかしくないか

ニセ通夜当日の夕方。葬儀業者の手によって、白黒幕や祭壇、花が設置され、いよいよ気分が高まってきた。みんなでつまむ寿司、ビールを並べ、オレの遺影を飾って準備完了だ。

本日の作戦はそう難しくはない。会場全体をビデオで撮影し、そいつを祭壇の裏にかくれたオレがモニタリングする。これで彼らの動きはばっちり観察できる。会話も暗幕ごしにすべて筒抜けなので、漏らさずチェック可能だ。

参加者は、喪主のニセ叔父と、仕事関係者を装ったサクラ2名。坊主は面倒なので呼ばなくていいだろう。

夜7時、ろうそくに灯をともし、線香の臭いが部屋に充満したあたりで、チャイムが鳴った。

ピンポーン。

最初にあらわれたのは杏子だった。ゆっくりと入ってきて叔父に挨拶してから香典を渡し、二度お焼香して、無言で席につく。こんなマジメくさった杏子、初めて見る。

叔父がとりあえずビールをすすめるが、少し口につけただけで、後はずっと遺影を見ながら、ハンカチを目にあてている。

泣いてくれてるんだ。なんだかうれしいじゃないか。

杏子に遅れること5分、玄関のチャイムが鳴った。やってきたのは坂田だ。いっちょまえに喪服なんて着ちゃって。あれ、目をこすってる…オマエも泣いてるのか？

「このたびはご愁傷さまです」

坂田、ちゃんとマナー知ってるんだな

焼香中からすでにすすり泣いてる石本

上着を脱いで本格的に寿司を食う坂田

神妙な面持ちで焼香する坂田。人並みのマナーを知ってるんだね。本でも読んで勉強してきたのか。

部屋では無言状態が続いた。叔父が「お寿司でも食べてくださいね」と促すが、杏子はうなずくだけだ。当然だろう。泣いている真っ最中に寿司なんかノドを通るわけがない。

…と思ったら大間違いだった。なんと坂田が堰をきったかのように寿司をパクパク食べはじめたのだ。マグロ、いくら、ウニと高いものから手をつけている。

友人が死んだというのにその食欲はおかしくないか、坂田よ。悲しさよりウニのほうが強いのか。それにしても石本は遅いな。あんなに意気込んでたくせに。まさか来なかったりして。

7時30分、チャイムが鳴った。来た、石本だ。やっぱりお前は親友だ。

石本は部屋に入ってきた瞬間からすでに泣いて

いた。喪主に挨拶し、香典を……ん？　渡さないまま焼香して席についてしまった。なんだよ、金が惜しいのか。死んだのはこのオレだぞ？

もっとオレについての思い出を語れ

ともかくこれで3人が揃った。彼らはお互いに面識がないため会話はない。みな静かに、正座をするだけだ。〝寿司バカ食い〟の坂田を除いては。

無言状態を崩すために、叔父が口を開いた。

「昨日の明け方なんですけどね。車の助手席に乗ってて、トラックと衝突したようでして…。こんなコトになって残念ですけど、しっかり送りだしてやりましょう」

説明が終わると同時に杏子が「ウッ」と嗚咽を漏らした。つられて石本、坂田も目をこすっている。こんなに泣いてくれるなんて、ありがとうよ。

「僕はヒロシの大学の友達で石本って言うんですけど」

「好きだったんです」へ…そうだったの？

「1本ゲーム売っちゃいまして…」サバ読むなよ

突然、石本が口を開いた。

「ヒロシとはこの前に会ったばかりで、こんなことになるなんて本当に信じられないです」

続いて、坂田や杏子、さらにはサクラ役までもが、とつとつと話し出した。

「オレも1ヶ月前にくらいに会ったんですけど…」

「ワタシはずいぶん会ってなかったけど、ときどきメールしたりしてて…。ホント、信じられない…」

「この前、一緒に仕事したんですけどね…」

みんな、似たようなテーマばっかりだな。もっとオレについての思い出を語れよ。

しょうがない。幕の裏から、ニセ叔父にメールを送ろう。

〈ボクの思い出をしゃべらせてください〉

「モテてたなんて意外ですね。ハハハ」

ニセ叔父が、とつぜん明るい声を出した。

「まあワタシ、こういう通夜ってのは、明るく天国に送り出してやるものと思うんですよ。ヒロシってどんなヤツでしたか？」

やや強引な無茶ブリに、坂田が反応する。

「オレは小学校からの友達で。奥さんとも仲がいいんです。一緒にヤンチャしてたこともあったけど、あいつは面白いヤツでしたね」

面白いヤツ、か。当たり障りねーな。もうちょっと気の利いたこと言えよ。

「そうなんですか。もしかして女グセが悪かったりした？」

叔父がいじわるな質問を飛ばす。

「わりとモテてましたしね。でも結婚してからはちゃんとしてましたよ。そのへんはエライなって思ってました」

「へ～、そうなんだ」

石本と杏子が意外そうな反応をする。

「ヒロシって、ちょっと太ってたでしょ？　モテてたなんて意外ですね。ハハハ」

石本の言葉で会場に小さな笑いが起こる。そうか、石本。お前にとってオレはデブのモテない君だったんだな。減点10だ。

「でも、奥さん大丈夫なんですか？　妊娠してるし、心配です」

ふむ、ヨメの心配か。さっきの減点は取り消して、座布団2枚だ。

「もうすぐ産まれるはずだよね…かわいそうに」

「うん…」

石本と坂田が涙ぐむ。この場で妊娠を初めて聞いた杏子も、またハンカチを取り出した。同じ女としていろいろ思うところがあるのだろう。

「でもホント、いいヤツだったな」

石本が宙を見上げながら独り言のようにつぶやいた。やべ、オレまで泣きそうになってきた。

告られてたら、人生も変わってたかも

緊張感に慣れてきたのか、3人はタバコを吸い、ビールを口に運びだした。坂田はあいかわらず寿司を食いまくりだ。

そんななか、それまで泣いてばかりだった杏子がゆっくりと口を開く。

「ワタシは高校を卒業してから建部クンと仲良くなったんです。それで…」

次の言葉を出すのに手間取っている。何を言おうとしてるんだ？

「…それで、高校時代、建部クンのことちょっと好きだったときがあったり…」

そうだったのか。薄々そうかもしれないとは思ってたけど、やっぱそうだったのか。

もし告られてたら、2人は付き合ってたのかなぁ。そしたらその後の人生も変わってたかもしれ

「僕も CD 売りました」お前らなぁ…

ないよな。

　杏子の告白、そして酔いの勢いにも押されたのか、石本ももじもじと話し出した。

「昨日の夜、後悔してたんですよ。アイツから借りたゲームソフト、『失くした』って言って1本売っちゃったことがあって。いつか謝ろうと思ってたんですけど」

　そうか、お前、貧乏だったもんな…って、なに売ってんだよ！　しかも1本じゃないだろ。少なくとも5、6本は失くしたはずだぞ。親戚の前だからってサバ読んでるのか。

　さらに坂田までが、

「あ、僕もヒロシのCD借りて売ったことあります。お金、返さなきゃ、ハハ」

　通夜の席は笑いに包まれている。なんだか複雑な気分だ。でもこの程度なら許してやんないとな。彼女をこっそり寝取ったとか、ヨメと不倫してるとかじゃないんだし。

「ごめん。生きてました」友は冷静に怒っていた

こいつらは、やっぱり親友だと思う。こんなに泣いてくれたんだし。みんな、ありがとな。

じゃあ、そろそろ登場しようか。ほら、オレは死んでないんだ。安心してくれ、これからも一緒に遊ぼうぜ。

「おう、みんな何してんだ！」

幕を開けたオレは3人の前に飛びだした。

しばらくあきれていた坂田と石本は怒って帰り、杏子はその場に突っ伏して泣き崩れてしまった。ニセ叔父もサクラ役も気まずそうにしている。さすがにやりすぎたか？

「なぁ杏子。オレのこと好きだったんだって？」

無言のパンチが腹に飛んできた。
その夜遅く、２人からメールが届いた。
『あんなドッキリありえないって！　ＣＤ売った話、聞こえてたのか？　ごめん！』（坂田）
『本当に死んでも葬式行かないからな。それと、あの高校の友達と合コン開いてくれ（笑）』（石本）
みんな、ずっと友だちでいてくれよな。死ぬまでずっと。

二章
いかがわしい奴らを追え

REPORT 9

東京・上野 昏睡ぼったくりバーの恐るべき手口

リポート／仙頭正教（編集部）
イラスト／小山よしたか

ここ最近、上野の繁華街で中国人ホステスのバーが、ひどいボッタクリをやらかしているそうだ。

手口は『昏睡』だ。客を酒でふらふらにさせてキャッシュカードを奪い、現金をごそっと引き出すのだ。

いざ現場に潜入しよう。ヤツらの手法、いかほどのものなのか。もちろん本当に昏睡しちゃったら何もわからないので、酔ったフリしてわざと引っかかってやる。で、いよいよとなったら鉄槌を食らわすのだ！

万が一を考えてキャシュカードは利用停止にしておき、現金は6千円しか持たない。これで万全だ。

ま、酒乱のオレが担当するのもどうかと思うけれど…。

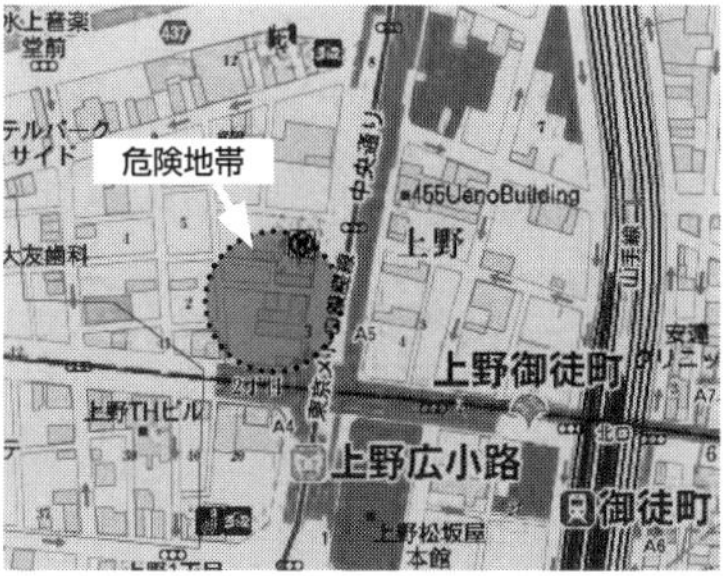

所在地がわからぬよう路地をうろうろ

5月下旬、木曜。深夜2時半。上野駅から大通りを少し歩くと、ネオン街が見えてきた。時間が時間のせいか、人通りは決して多くない。

さっそく昏睡バーのキャッチ連中がいると噂の一画へ向かうと…いた。コンビニ前にそれっぽいオバハンたちがたむろしている。

こちらに気付いた二人組が、近寄ってきた。

たむろする中国人キャッチ

「オニイさん、飲み行かないですか？」

日本語が片言だ。

「オネエさんどこの人？」

「中国」

出た、怪しい怪しい。なんだか悪そうな顔してるし。値踏みするようにジロジロ見てやると、一人はどこかへ立ち去っていった。

「で、いくらなの？」

「4千円。朝までいていいです。行かないですか？」

「ほんとに？」

「本当に4千円だけ。安いですよ。大丈夫」

やけに安心を強調するな。逆に不審だ。やっぱボッタクリだな。

「お店どこなの？」

場所を訊ねると、女は路地のほうを指さし、オレの腕を組んで歩きだした。

路地には小汚いバーが集まるビルが並んでいた。そこを右へ左へ。女はやけにクネクネ曲がる。

ところが辿り着いたビルは、最初に声をかけられた場所のすぐ近くだった。あえて路地をウロウロして店の場所をわからなくさせたのでは？

「警察と思って逃げちゃったよ」

エレベータを待っているとき、女がつぶやいた。

「私の友達、オニイさんのこと警察と思って逃げちゃったよ。あなた、そんな感じじゃないのに」

あちゃー。あんたら、警察を避けなきゃいけないようなことしてるわけね。それをペラペラ喋るって、オレをナメすぎだよね。

こんな感じのバーに…

そこへふと、どこからともなく年輩のオバサンが現れ、あっちの言葉で女に喋りかけた。どうやら、この店のママらしい。一番悪いヤツかもしれんな。

ママが腕をからめてきた。

「今日は一人ですか？」

「…そうすね」

「ここは何軒目？」

シラフだと言うとヘンに警戒されそうだ。ウソをついとこう。

「三軒目。けっこう酔っぱらってるよ」

わざとヘラヘラしてやると、カモだと思ったか、ママはニタニタしはじめた。

そのときだった。

突然、ママがオレの口に、謎の粒を突っ込んできた。

「な、何ですか！」

「トウモロコシ。おいしいでしょ？」

ママは、どこに隠し持っていたのか、紫色のトウモロコシを取り出すと、その粒をむしって自ら食べてみせた。大丈夫だから早く飲み込みなさいとでも言わんばかりに。

なぜここでトウモロコシを食べさせる？　だいたい本当にトウモロコシなのか？

口から出してみた。黒い豆だ。こっそり床に捨てておこう。

「これどこのカード？　クレジットは付いてる？」


バーはどこにでもあるような作りだった。客は一人もいない。

こちらの動揺を察してか、ママが言う。

「さっきまで他にもお客さんいたんだけどね。帰っちゃったのよ。心配しないで」

そんなふうに取り繕われると余計に怪しい。

ママがオレの横に座り、続いてもう二人がテーブルを囲んだ。

「おニイさん、焼酎とウィスキーどっちにする？」

焼酎を頼むと、ジンロが出てきた。女が慣れた手つきで水割りを作る。

とにかく連中の動きに注意しなくては。どこでクスリを盛ってくるかわからんしな。でもさすがに最初の一杯目からクスリを入れてくることもないか。

オレはちょっとためらったあと、意を決して酒を飲んだ。ヘンな味はしなかった。まだ大丈夫と思っていいのだろうか。

おっと、女がグラスの汗を拭いている。何か入れようとしてないだろうな。

そんなこんなで緊張してか、一杯目の水割りを飲み切るのに20分以上かかった。

その間、女たちは「私たちもお酒頂いていいですか」とねだってくる。むろん女のドリンク代は別料金だが、しつこいので瓶ビールを二本飲ませてやったら料金が6千円に達してしまった。所持金ギリギリだ。

変なクスリが混じってたのだろう

ところが水割り二杯目、女たちがまたぞろ宣《のたま》う。

「私たちも、もう一杯いい？」

「もうお金ないって！」

「うそ。あるでしょ」

女たちは引かない。財布を見せろとまで要求してくる。ったく図々しい。

オレは財布を取りだした。ほら見ろ、ぜんぜんないだろ！

次の瞬間、連中の本性が顔をのぞかせた。ママがキャッシュカードを指さして言うのだ。

「これどこのカード？　私、見たことがない。コンビニで下ろせるやつですか？　クレジットは付いてる？」

何だこの食い付きは。

口に謎の粒を突っ込んできた

水割り三杯目。まだ眠気はないが、連中の様子がだいぶおかしくなってきた。

5千円でおっぱいを触らせてあげる、3万でラブホに行ってもいいと、猛烈にアピールしてくるのだ。

ママがオレのチンコをつつきながらつぶやく。

「カード持ってるでしょ！　あとで下ろせばいいじゃないの」

「……そうですね」

「そうでしょ！　オニイさんエッチ好きでしょ。ほら、こんなに大きくなってる」

バカ言うな。オレのちんこはピクリともしてないよ。こりゃあ、どう考えてもカタギの店がやることじゃないな。

そして四杯目に突入した矢先、恐れていた事態が。トイレに行きたくなったのだ。グラスから目を離すと何をされるかわからない。でも、ションベンも我慢できん。漏れちゃいそう。チクショー！

トイレから戻ると、女たちは無表情で待っていた。仕込んだかどうかまでは読み切れない。

ん？　ママが例のトウモロコシを握っている。そしてまたオレの口に謎の粒を突っ込んできたではないか。

今度はかなり大量で、妙な苦みが口中に広がる。

「トウモロコシ、おいしいでしょ？」

別の女がオレに水割りを手渡してきた。飲み干せって意味らしい。

何だかよくわからないオレはグラスを受け取り、大量の粒を一気に飲み込んだ。大丈夫なんだろうか。

「オニイさん、女の子のおっぱい触った!」

あれ、この眠気は何だろう。普通のオレなら、水割り四杯なんてぜんぜん問題ないのに、やけにまぶたが重い。…まさか、これって?

謎の黒い豆を食わされてから約30分後。オレはあろうことか睡魔に襲われていた。あの豆のせいか。いや、でもあれはトウモロコシのはずだし。んー、とにかく眠くてしかたない。

ソファに深く腰をかけ、目を閉じた。ふっと意識が遠のきそうになり、慌てて目を開ける。いかんいかん。ここで寝ちゃいかん。

フラフラしていると、ママに肩を揺さぶられた。

「オニイさん、眠いの?」

「…ちょっと」

「じゃあ寝ていいよ」

「……それは…」

「いいのいいの。今日はもうお客さん来ないし店は閉めるから。女の子たちも始発まで店で寝るし。ほら、寝なさい」

ママが肩を押す。そのままオレはソファに横になっ

他に客はおらず完全に眠らされる

た。どういう気回しか、店内の電気はすべて消された。意識がぐんぐん遠のき、そこで記憶は消えた。

—ふと目を覚ますと、オレはバーのソファにいた。寝ぼけた頭で考える。なんでこんな場所にいるんだ、オレは？　そうだ、昨日は取材で…。

状況に気付いた瞬間、心臓が止まりそうなほど焦った。あわてて持ち物をチェックする。とりあえずなくなっているものはない。セーフ。

店の奥にいた女たちが、オレが起きたことに気付き、近寄ってきた。

「オニイさん、そろそろ帰る？」

「……そうするよ」

「じゃあ、お金下ろしに行こう」

「え？」

「2万円。あとで下ろすって言ったでしょ？」

うそ？　そんなこと言った覚えないんだけど。

「本当に言った？」

「言ったよ。オニイさん、女の子のおっぱい触った！」

触ってない触ってない。ソファでずっと寝てたし。

「最初寝てたけど、起きておっぱい触った！」

女はだんだん感情をむき出しにしてきた。

翌朝、ATMへ。これでは逃げられない
（左が筆者。協力者が撮影）

別の日の朝、中国女にATM画面を覗き込まれる
おっちゃん

そのままさびれた店へ引っ張られていった…

「お金下ろすって言った！　忘れないでよ！」

いつものオレならありえなくもないけど、昨日に限っては断言できる。絶対にやってない。

「ちょっと待ってよ。オレはホントに身に覚えがないって」

「もおー。ちゃんと約束守ってよぉ！」

女たちが一斉にこちらをジロっと見た。無言の圧力がかかる。とてもじゃないが、一人で立ちうちできない。

これが昏睡バーの手口なのか。

やはりあのトウモロコシの粒、何か混ざってたに違いない。

とりあえずATMへ行くことにした。連中の言い分を飲もうというのではない。店を出さえすれば、逃げるチャンスありと思ったからだ。

外は明るくなっていた。女が一人、オレの服の袖をガッチリ掴んでコンビニまでついてくる。これでは逃げられない。

コンビニに着いた。ATMのそばまでくっついてくるかと思ったが、女は入り口前で待っているらしい。

チャンス到来である。隙をうかがい、オレは一気に走って逃げた。ザマーミロ！


翌日の朝、一帯のコンビニを注意深く観察すると、ATMコーナーにサラリーマン風の酔っぱらったおっちゃんが中国人ホステスっぽい女と一緒にいた。

中国人女は画面をのぞきこみ、おっちゃんの操作を凝視している。暗証番号を見ているのは間違いない。

女はフラフラのおっちゃんを引っ張るようにしてコンビニを出て、怪しげなバーに引っ張っていった。この後、キャッシュカードを盗むつもりなのだろう。

この町はかなりヤバイ状況になってるみたいだ。

REPORT 10

熱海を走る傍若無人タクシーに喝！

リポート／藤塚卓実（編集部）　※写真と本文は直接関係ありません

どこのタクシー会社でも、タチの悪いドライバーの1人や2人はいるものだ。

ただし、所属している運転手が問題児ぞろいだらけのタクシー会社となると話は別だ。

静岡県熱海市に営業所を置く『Z（頭文字ではない）』。ウワサによると、この会社、以前から悪質ドライバーの巣窟となっており、利用客からのクレームが後を絶たないという。

ネットでの評判も散々だ。

〝ここのタクシー、二度と乗りたくありません〟

〝熱海の恥。地元の人間はみんな呆れてる〟

〝Zはマジで最低！〟

いったい、何をどうすればこれほどの悪評が立つのか。Zのタクシーに乗ると、どんな理不尽が待っているというのか。

バックミラー越しにまさかの舌打ち

週末の午前9時。JR熱海駅は、大勢の人出で賑わっていた。みな温泉旅館に泊まる観光客だろう。あちらこちらで笑い声が飛び交っている。

人混みを縫うように駅前へ向かうと、タクシー乗り場が現れた。複数の業者のタクシーが並ぶなか、Z社の車も何台か見受けられる。他社の車がはけるまで粘り、ようやく目的の車両がやってきたところで素早く乗りこんだ。

運転手は50を越えてそうなオッサンである。

「えっと、リラックスリゾートホテルまでお願いします」

駅からちょうどワンメーターの場所にあることは事前に調べ済みだ。ひとまず近距離で様子を見てみようとの腹だったのだが、行き先を告げた途端、オッサンはぽつりとつぶやいた。

「リラックス……」

そして、その直後。

「チッ！」

まさかの舌打ちである。それもバックミラー越しに睨みながら。ワンメーターなのがそんなに気にくわないのか。

いきなりのことでしばし唖然としたものの、ムカムカと腹が立ってきた。なんじゃ、こいつ。

「あの、いま舌打ちをしませんでした？」

「……」

怒りを抑えて話しかけるも、オッサンは何も答えない。

「舌打ちしましたよね？　どういうことですか？」

「……」

「何で黙ってるんです。ちょっとひどくないですか？」

「………」

怒ってるなら（それもフザけた話だが）、何か言い返してきてもよさそうなものなのに、どうあっても無言を貫くようだ。

降り際、あまりにもシャクなので言ってやった。

「最低だなアンタ」

ふいにオッサンが振り向き、キッとこちらを睨んだ。

「そりゃお前だろ！」

捨て台詞と同時に、タクシーは猛然と走り去っていった。かー、ムカつく!!

「他のタクシーより600円も高いんだけど」

いや～、まさか一発目からカマしてくるとは恐れ入った。この様子じゃ、あんなのが他にもわんさかいるに違いない。よし、ドンドンいくぜ。

Zの空車は市内の至るところで目にするので、捕まえるのはカンタンだ。1台止めて何ごとも起きなければ、また別の空車に乗り換える。そんな作業を何度かくり返すうち、やがて妙な動きを見せる運転手に遭遇した。とあるホテルで乗車し、熱海駅へ向かう道中での出来事だ。

実は、このルートを走るのは本日二度目なのだが（一度目は熱海駅→同ホテル）、どうも最初のときと道が違うようなのだ。オカシイな、こんな細い路地、通ったたっけ？　…ハッ、もしや。

案の定だった。最初は1500円ほどで済んだのに、メーターがその額を表示しても、まだ着く気配がない。知らない土地を走ってるならともかく、地元の運転手が最短ルートを知らないとは考えにくい。こいつ、絶対に遠回りしてやがる！

ようやく駅に着くと、その初老の運転手はしれっと宣った。

「2120円ですね」

「あの、もしかして遠回りしませんでした？　他のタクシーより600円も高いんだけど」

多少うろたえるかと思ったが、どっこい、運転手は挑発するような顔つきで口を開いた。

「はあ？　遠回り？　そんなことしないよ」

おっと、きっぱり否定したな。

「遠回りじゃないなら、なんで料金が高くなるんですか？」

「そんなこと知らないよ」

「知らないって何ですか」

「そっちこそ何だよ」

えらい強気だが、大方、今までもこうやって無理を押し通してきたんだろう。ま、おれは絶対に折れてやらんけどね。

とにかく、このまま言い合っててもラチが明かない。いったんメーター通りの額を支払い、タクシーを降りたおれは、そのまま運転席のドアをノックした。運転手はいったい何ごとかと表情を引きつらせて身構えている。

「いまからアンタの会社とタクシー協会に連絡するから。謝るなら今のうちだよ」

いったんは「勝手にしろ！」と虚勢を張った運転手だが、苦情を入れられるのはさすがにマズイのか、すぐに自前の財布から６００円を取り出した。やけに卑屈な笑みを浮かべながら。

「これ、払うからもういいでしょ。すいません勘弁してくださいよ」

どんなもんだ！


「うーん、でも、ないものはないんだよね～」


それからしばらく、ヤカラのような運転手との遭遇は、ピタリと止んだ。７台連続でトラブルは一切なし。悪名を轟かせているZ社とはいえ、さすがに全員がイカれた人間というわけではないようだ。

てなことを考えつつ、迷わず手を上げて乗りこむ。市街をぷらぷらしていると、また1台、前方からZのタクシーがやってきた。

「秘宝館までお願いします」

「はいはい、秘宝館ね」

運転手はやたらと口数の多いオッチャンだった。車が走り出すと、どこから来たの？　どこに泊まるの？　と、ひっきりなしに言葉を投げかけてくる。

「で、お客さん、ひとりで秘宝館へ？　待ち合わせとかじゃなく」

「ええ、まあ」

「なあんだ、そうなの。ああいうところは女と行かないと。スケベの前にね。へへへ」

本人は良かれと思ってるのかもしんないが、こういうゲスな話題でグイグイ押されるのは苦手なんだよなぁ。ああ、疲れる。

そうこうするうち、車は目的地に到着した。

「680円になります」

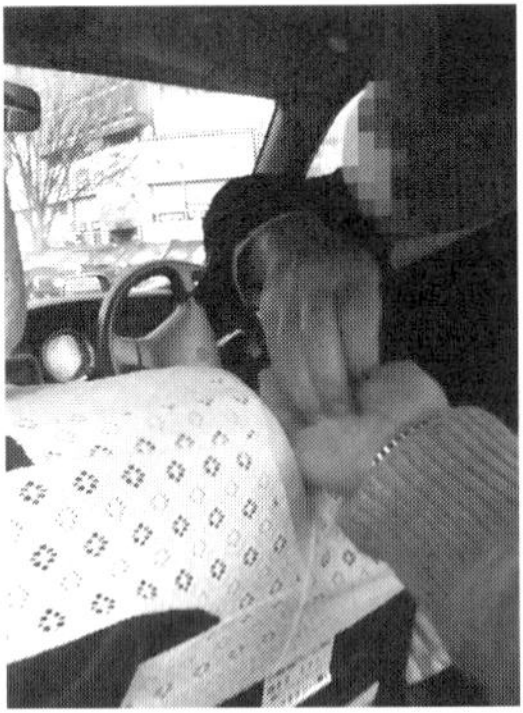

「はい、じゃコレ」

千円札を差しだす。返ってきたおつりは120円だった。あれ、200円足りんぞ。

「あの、120円しかないんですけど」

そう尋ねるおれに、運転手はいけしゃあしゃあと抜かした。

「いやぁ、チップということでダメですかね？　硬貨を切らしてたの忘れちゃってて。へへ」

「はあ？」

たかが200円である。つり銭の用意を怠ったことに対して、もしオッチャンがひと言でも詫びてくれていればおれも文句は言わなかっただろう。しかし、そういう手順も踏まず、のっけから「チップにしてくれ」は、あまりにもド厚かましくないか。カッチーン！

「何言ってんスか。200円でもちゃんと払ってください」

「うーん、でも、ないものはないんだよね〜」

口調こそ穏やかだが、完全に態度は開き直っている。商売に携わる人間の言葉とはとても思えん。

「そんなの通りませんよ」

「弱ったなぁ。お願いしますよ」

哀れみをさそうかのように見つめるオッチャン。どこまで甘ったれる気だ。

「千円札はあるんでしょ？　コンビニでガムでも買って崩してくださいよ。おれも行きますから」

厳しく言うと、オッチャンはハンドルを握り、深くため息をついた。ようやく観念したらしいが、なんでここまで嫌がるんだ？　支払うのが当然だろうが、おつりなんだから。

「あそこなジーサマ連中に行儀の悪いのが多くて」

午後1時。少々、疲れてきたので、いったん熱海駅前へ戻り、近くの飲食店に入った。古ぼけた店内にはおれの他に常連客らしき中年男性が2人いるだけで、ずいぶん閑散としている。

カレーを頼んでから10分ほどで、店員のオバチャンがトレイを運んできた。ついでに話しかけてみる。

「Ｚってタクシー会社、この辺りじゃどんな評判なんですか？　今日、ヒドイ目に遭っちゃって」

一瞬、ポカンとなったオバチャンは、周囲をはばかるように小声で話した。

「あまり良い評判は聞かないね。前、うちの娘も揉めたことがあったし」

「何があったんです？」

「深夜にタクシーで自宅に帰ってきたんだけど、普段より多めの料金を請求されてね、家の前で運転手と大声で言い争いしてたのよ。結局、面倒になって相手の言うとおり払ったみたいだけど」

本当にヒドいわよねえとでも言いたげに、おばちゃんが首をすくめる。まったくだ。

そこに、隣テーブルの中年男性が割り込んできた。

「あそこは若い運転手は比較的マジメなんだよ。でもジーサマ連中に行儀の悪いのが多くて」

何でもこの男性、自家用車を運転中、Ｚのタクシーに煽られたことが何度もあるのだとか。

「散々クラクションを鳴らしまくって、追い抜きざまに『ちんたら走ってんじゃねえよ！』って怒鳴ってきてさ。どうかしてるよ」

口からプカプカと煙が漂っている

満腹になったところで、タクシーの乗り継ぎ作業を再開した。乗って降りてまた乗ってと繰り返すうち、市街の国道沿いでまた1台、空車を発見。おーい乗せてくれ〜。

ドアが開き、のそのそと後部座席に腰を下ろす。その途端、おれが日ごろ慣れ親しんでいるニオイが鼻をついた。タバコだ。

ギョッとして運転手を見れば、口からプカプカと煙が漂っている。デカデカと「禁煙車」ステッカーが貼ってあるにもかかわらずだ。たしか乗務員は空車中でも車内で喫煙しちゃイケないんじゃ…。

驚きは続く。この運転手、アクセルを踏んでも、すぐには火を消さず、車が10メートルほど進んでようやく携帯灰皿にタバコを捨てたのだ。これはアウトやろ！

「運転手さん、客がいるのにタバコ吸ってましたよね」

責めるように確認すると、運ちゃんはしばし間を空けて答えた。

「すぐ消しましたよ」

「いやいや、車が走り出してもタバコに火が付いてたでしょ」

「だからすぐ消したじゃない」

「消すタイミングが遅すぎだって言ってるんですよ」

「………」

「ちょっと聞いてます？　スイマセンくらい言ったらどうですか」

「ネチネチ言われちゃタマんないよ」

何を言っても、のらりくらりとはぐらかす運転手

だったが、いい加減、面倒臭くなったようで、ようやく謝罪のことばを口にした。

「どうもすいませんでした」

うむ、よろしい。今後は二度とナメた真似はしないように。

「万札しかないなら乗る前に伝えなよ」

タバコタクシーを降りてほんの数分後、またもや反対車線からZの車がやってきた。迷わず手を上げてシートに乗りこむ。

ドライバーはいかつい顔のオヤジで、運転中はずっと無言だった。ま、こちらも話す用事などないので、別にいいんだけど。

このまま何事もなく降りられるかと思いきや、トラブルは目的地に到着した先で待っていた。運転手から料金2300円を請求されたのだが、財布を見たら万札しかない。あちゃー。

「すいません。万札しかないんですけど、いいですか?」

運転手がすかさず、忌々しそうに口を開く。

「はあ? 釣りなんかないよ。タクシー乗るなら、細かい金をちゃんと用意しとくのが常識だろ」

どうだろう、この不遜な態度。まるで釣り銭がなくても当然と言わんばかりではないか。

間髪容れずオヤジは続ける。

「コンビニまで連れていくから、そこで崩してきてよ」

たしかに万札を出したのは迷惑だったかもしれん。けど、つり銭がないのに客を乗せたのはオヤジの落ち度だし、ましてや、客に向かって金を崩してこいとは、あまりにバカにしている。

「運転手さんが崩すべきでしょ。そっちの落ち度なんだから」

「非常識な人だね。万札しかないなら乗る前に伝えなよ」

「客商売なんだから、そっちから尋ねるのがスジでしょ」

「何で俺がそんなことしなきゃいけないんだ」

「とにかく、そっちでつり銭を用意してよ」

「ああもう！」

口論は次第にヒートアップしていき、あわや摑み合い寸前のところまでいったものの、幸いにも大事に至ることはなかった。我々が揉めていた場所に、たまたまZ社のタクシーが通りかかり、その運転手がオヤジにつり銭用の金を貸すことで問題が解決したのだ。

オヤジは憮然とした様子でおれに金を手渡したが、非礼を詫びることはなかった。


「ちっ、それが気取ってるっていうんだよ」

だんだんと日が傾きだしてきた。朝から20台以上のタクシーに乗って、バトルを展開したもんだから、心身ともにグッタリだ。もうそろそろ打ち止めにしよう。

そう考えていた矢先、さっそく前方から、もはやすっかり見慣れたZのタクシーが走ってきた。

乗車した途端、イヤな予感がした。運転手の人相がトンでもなく悪人面なのだ。指名手配のポスターによくある顔というか。

やはり勘は当たった。この運転手、運転が乱暴な上にとにかく口が汚いのだ。

前方の車には、

「おいおい、トロトロ走ってんじゃねぇよ！」

車線変更してきた車には、

「ちっ、何してんだよバカ野郎。周りをよく見ろ！」

いちいち気にくわないものに対し、車内で怒声をあげるのだ。

最初は我慢していたおれも、そのうちイライラが募ってきた。

「すいません、ちょっと静かにしてくれませんか？　聞き苦しいんですけど」

「すいませんねぇ」

意外にも運ちゃんは素直だった。そのときは。

数分後、精算を済ませ、タクシーを降りかけたとき、背中にぼそりと嫌味が飛んできた。

「気取ってんじゃねえよ」

なんだって？

「は？　あんた、ロクなもんじゃないね」

そう言い返して車を降りると、突然、運転手が飛び出し、猛然と詰め寄ってきた。何だ何だ、やる気か？

「いま何て言った。ロクなもんじゃねえってどういう意味だ」

「そっちが先に言ったんじゃないですか」

「じゃあ、俺に聞き苦しいとか偉そうなこと言ったの誰だ。バカにしやがって」

「してませんよ。車内でぶつぶつ文句言ってるのを聞かされたら、誰だって不快でしょ。だから、たしなめただけじゃないですか。そんなにおかしいですか」

「ちっ、それが気取ってるっていうんだよ。笑わすな」

さんざん怒鳴り散らすと、運転手はくるりときびすを返し、運転席に戻った。直後、タクシーはタイヤを鳴らして急発進し、カーブの先へと消えていく。なんて野郎だ！

覚悟はしてきたつもりだが、まさかここまで客をおちょくってくるとは。恐るべし、Z。熱海旅行の際はご注意を。

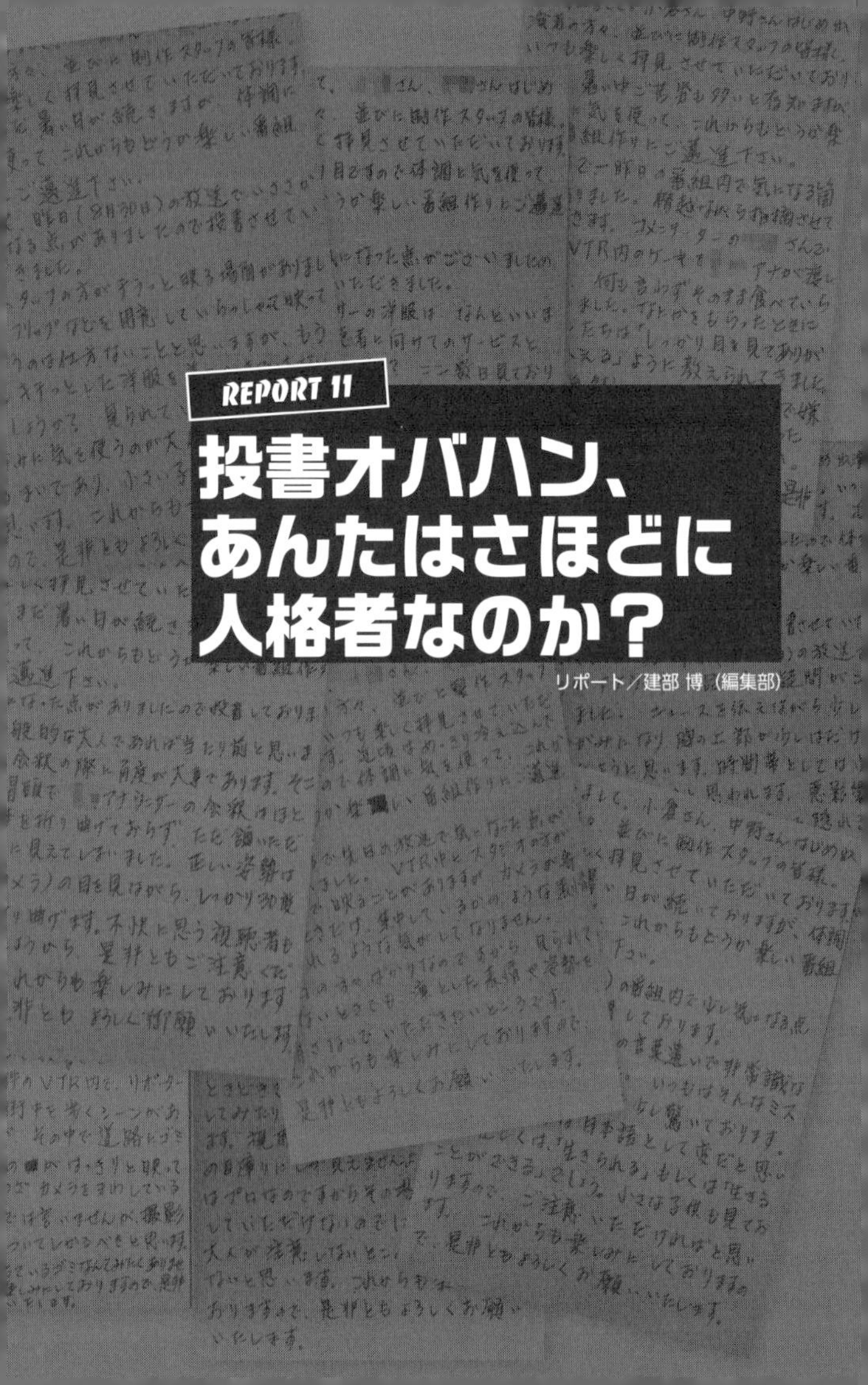

REPORT 11

投書オバハン、あんたはさほどに人格者なのか？

リポート／建部 博（編集部）

オレの友人はテレビ制作会社に勤め、朝の情報番組を担当しているのだが、その番組宛に毎日のように投書ハガキを送ってくるオバハンがいるという。

「内容はアナウンサーの身だしなみとか言葉遣いとかだな。すげえ細かいんだよ」

いかにもいそうだ。そんなに気にくわないなら見なきゃいいのに、ネチネチと鑑賞してはつっこみ続けるオバハン。わざわざハガキに書いてくるところにも粘着質ぶりがうかがえる。たぶん根っこには、嫉妬や羨望なんかも混じってるんだろう。

そのハガキを十数枚こっそり見せてもらった。送り主は都内に住む50代の女性。冒頭と締めは毎度ほぼ同じ文言になっている。いつも番組を楽しく見ており、だからこそ直して欲しい部分がある、との趣旨だ。にしては、どれも「初めまして」で始まっているところが笑える。

投書内容は、毎回言い回しや対象者こそ変化するが、大まかに分けて5パターンだ。

①アナウンサーの身だしなみをしっかりせよ
②ゴミは拾え
③お辞儀の角度が浅い
④目を見て「ありがとう」と言うべき
⑤正しい日本語を使え

新聞の投書欄にもＰＴＡのおばちゃんのような小うるさい正論がときどき載っているが、ここま

キチッとしてるか？

投書①　身だしなみ

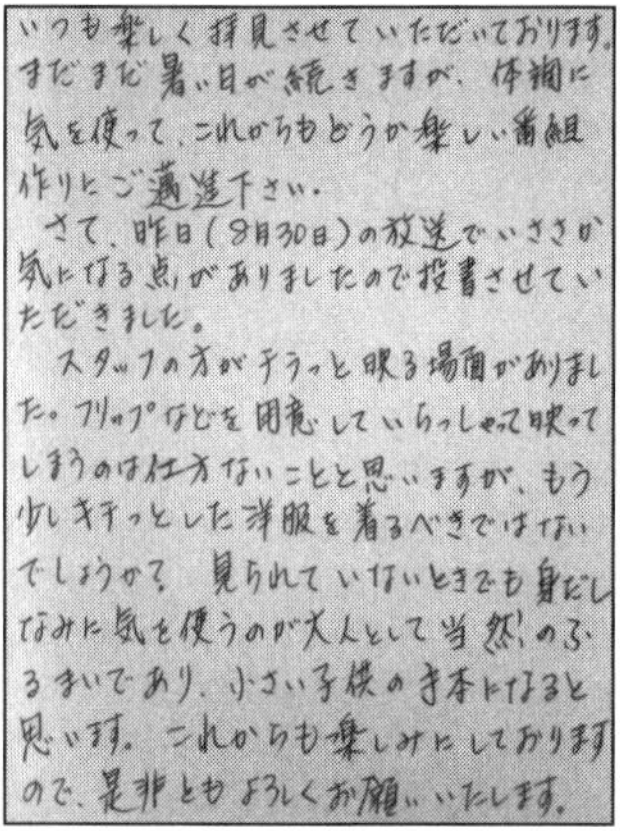

いつも楽しく拝見させていただいております。まだまだ暑い日が続きますが、体調に気を使って、これからもどうか楽しい番組作りにご邁進下さい。

さて、昨日（8月30日）の放送でいささか気になる点がありましたので投書させていただきました。

スタッフの方がチラっと映る場面がありました。フリップなどを用意していらっしゃって映ってしまうのは仕方ないことと思いますが、もう少しキチっとした洋服を着るべきではないでしょうか？　見られていないときでも身だしなみに気を使うのが大人として当然のふるまいであり、小さい子供の手本になると思います。これからも楽しみにしておりますので、是非ともよろしくお願いいたします。

でウザイ内容は見たことがない。ＰＴＡのレベルを超えている。

さすが視聴率1％でも40万人が見ているといわれるテレビ業界。投書オバハンは、彼の担当番組以外にも大勢いるらしい。皆、さぞかし聖人君子さんなのでしょう。

皮肉っぽく言ってみたが、まさに本ルポのテーマはそれだ。他人につべこべおっしゃるオバハン、アナタ自身はもちろん非のつけどころのない方なんですよね？

11月某日、投書オバハンの品行を確かめるべく、差出人本人の住所へ向かった。時刻は平日朝の8時。毎日あの番組を見ているのだから家にいるはずだ。

現場には古びたアパートがあった。ドアの前で聞き耳を立ててみるが、番組に集中しているのか、物音は聞こえてこない。血眼になってアラを探しているのかも。

ではここで作戦を確認しておく。本日は五つの投書内容について順番に、オバハンに〝言う権利〟があるのかどうかをチェックしたい。

一つ目はこれだ。（150ページ右上・投書①）

ここまで書くのだから、当人の身だしなみはよほどキマッているのだろう。確認したい。早く出てきてくれ。

お昼を過ぎて、ついにドアが開いた。

出てきたのは、ゴリラ顔の太ったオバハンだった。まさに、ザ・オバハン。他に形容の言葉もない。

さてその身だしなみだが、なんと言えばいいのだろう。服装は全身黒ずくめで地味にキメてると言えなくもないけど、ちょっと頭がボサボサなんじゃないか？　あんたの理論からいえばアウトのはずだが。

オバハンは駅のほうへ歩いていく。ではここで次の投書を紹介しよう。（当ページ右下・投書②）

先回りしたオレは、路上に紙ゴミを丸めて置いて

ゴミを置いておけば…

あっさり無視

投書②　ゴミは拾え

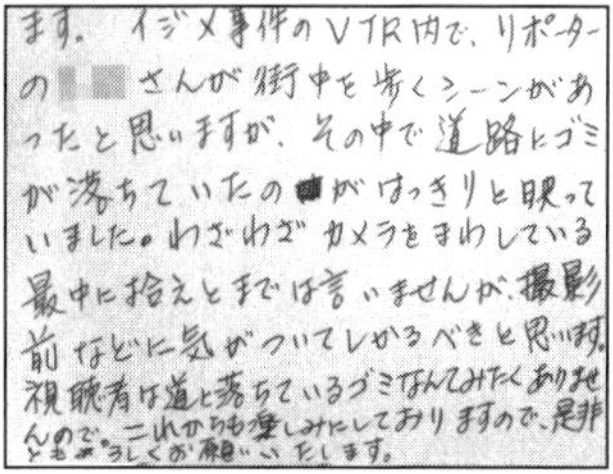

ます。イジメ事件のVTR内で、リポーターの[redacted]さんが街中を歩くシーンがあったと思いますが、その中で道路にゴミが落ちていたのがはっきりと映っていました。わざわざカメラをまわしている最中に拾えとまでは言いませんが、撮影前などに気がついてしかるべきと思います。視聴者は道に落ちているゴミなんてみたくありませんので。これからも楽しみにしておりますので、是非ともよろしくお願いいたします。

おいた。大きさはハンドボール大。目に入らないはずがない。

オバハンがゆっくりと近づいてきた。角を曲がればそこにはゴミが落ちている。あと3歩、2歩、1歩…。はい、間違いなく視界に入りました。

でも拾わない！　なんだアンタは。偽善者め！

左の投書③に対する作戦はこうだ。また先回りしたオレが、曲がり角でオバハンに軽くぶつかってみる。オレからはしっかり詫びのお辞儀をする。もちろんオバハンもお辞儀返しするだろう。様子を撮影して、あとで分度器で測ってやる。

投書③　辞儀の角度は30度

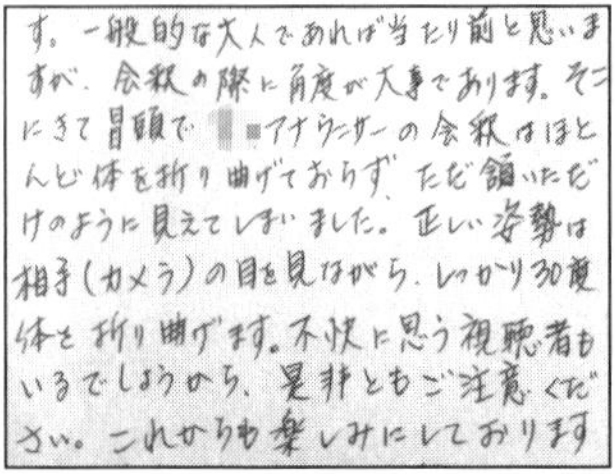
す。一般的な大人であれば当たり前と思いますが、会釈の際に角度が大事であります。そこにきて冒頭で[redacted]アナウンサーの会釈はほとんど体を折り曲げておらず、ただ頷いただけのように見えてしまいました。正しい姿勢は相手(カメラ)の目を見ながら、しっかり30度体を折り曲げます。不快に思う視聴者もいるでしょうから、是非ともご注意ください。これからも楽しみにしております

ドン

うなずくだけ

ドン！

「あ、すいませんでした！」

腰を曲げるオレ。それはもう30度どころか90度に近い、スペシャル丁寧なお辞儀だ。

しかしオバハンはわずかにうなずくだけだった。お辞儀なんてする気配もない。ハガキでは「●アナはただ頷いただけのように見えた」って文句を言ってたお前がソレかよ！　30度どころか、アンタのは3度だよ！

オバハンはスーパーに入った。中では何も仕掛けられないので、出てきたところで次のアタックだ。ツッコミ元はこれ。（左上・投書④）

投書④　「ありがとう」は人の目を見て

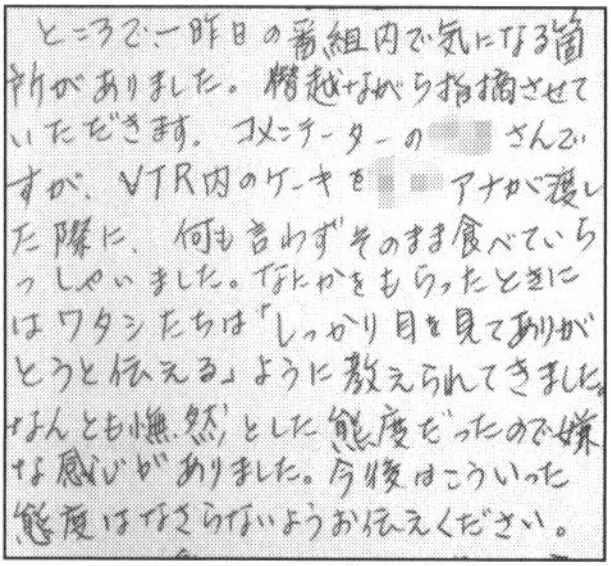
ところで一昨日の番組内で気になる箇所がありました。僭越ながら指摘させていただきます。コメンテーターの[redacted]さんですが、VTR内のケーキを[redacted]アナが渡した際に、何も言わずそのまま食べていらっしゃいました。なにかをもらったときにはワタシたちは「しっかり目を見てありがとうと伝える」ように教えられてきました。なんとも憮然とした態度だったので嫌な感じがありました。今後はこういった態度はなさらないようお伝えください。

目を見るどころか「ありがとう」もなし

投書⑤　正しい日本語を使え

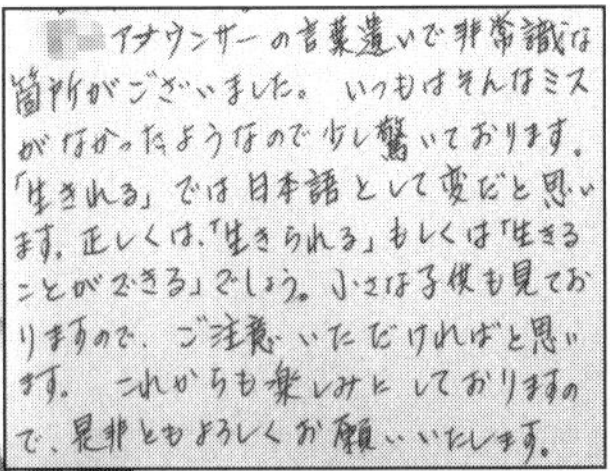
[redacted]アナウンサーの言葉遣いで非常識な箇所がございました。いつもはそんなミスがなかったようなので少し驚いております。「生きれる」では日本語として変だと思います。正しくは「生きられる」もしくは「生きることができる」でしょう。小さな子供も見ておりますので、ご注意いただければと思います。これからも楽しみにしておりますので、是非ともよろしくお願いいたします。

食べれますか作戦は失敗に終わった

礼を言うかどうかは、無料でモノを与えてみればいい。女の子にタオルを配らせてみるとしよう。ティッシュやチラシじゃないんだから、普通は「ありがとう」ぐらい言うぞ。もちろんこのオバハンは目を見ながらな。

オバハンが店から出てきた。さりげなく近づき、タオルを渡す。（153ページ左下写真）

「どうぞ〜」

ぶんどるようにタオルを取り、一言も発さず歩き去ってしまった。どないやねん。

いよいよ最後の投書について検証しよう。（右上・投書⑤）

オバハンは「ラ抜き言葉」を指摘している。あんた、ホントに使ってないんだろうな？

この検証は尾行だけではムリだ。会話を聞かなければ。先ほどぶつかったお詫びにと菓子折りを渡し、そこから会話を広げてみたい。

ひと気がなくなったところでオレは近づいた。

「あの」

「は、ハイ?」

「先ほどは申しわけありませんでした。これ、お詫びにチョコクッキーです」

「え? いや、そんな大丈夫よ」

「お詫びですので」

「いえ…」

「チョコ食べれないんですか?」

正確には「食べられない」と言うべきところだ。誘導に引っかかるか。

「食べれないなら別のモノを買ってきますよ。食べれます?」

「いやホントにもう…」

「食べれるか食べれないかだけ教えてください」

しつこく食い下がったが、残念ながらオバハンの口から「ラ抜き言葉」は出てこなかった。しょうがないから、この投書だけは認めてやる。

REPORT 12

某山中にこっそり暮らす大麻ジイさんの小屋を訪ねる

リポート／種市憲寛（編集部）

※本項の写真は一部加工を施しています

本州のとある山中。電気もガスも水道も走っていないはずのその山奥で、あるジイさんが1人で暮らしているという。

いや、その伝聞はかなり怪しい。というのも、生活ぶりを目撃した人物がいるわけではないからだ。

山のふもとの小さな田舎町に、長い白髪を生やしたジイさんが出没するとの目撃例があり、その風貌がまるで仙人のようなため、山に住んでいるだの、ヒッピーの生き残りだのと、勝手にささやかれているだけなのだ。

が、もし実在するならば興味深い。

元女優の高樹沙耶は、石垣島でヒッピーのような暮らしをしており、2016年10月その自宅から大麻数十グラムが見つかり逮捕された。ヒッピー生活と大麻。両者は切っても切れない関係のような気がするのは俺だけだろうか。

支払いを終え獣道を登っていった

東京から新幹線と在来線に揺られ、ジイさんの目撃情報のある田舎町に着いた。

駅の周りには人がほとんど歩いていないが、とりあえず聞き込み調査を開始しよう。

駅員や交番の警官、タクシーの運転手、電車の利用客など、人を見かけるたびに呼び止める。

「ヒッピーみたいなおジイさん？　ちょっとわからないですね」

「ホント？　この近くの山の中で暮らしてるんですか？」

このあたりでタクシーを降りたそうだが…

20人以上の住民に尋ねたが、誰1人として存在を知る者はいなかった。

仕方ないので、レンタカーを借りて隣町へ。同じく駅の周辺で通行人に聞いて回るも、手がかりはつかめない。

さらにもう一つ隣の町へ。と、駅前でつかまえたお兄さんが有力情報をくれた。

「あ、たぶんその人なら○○駅で歩いてるの見たことありますよ」

ここから南に10キロほど下った小さな駅で、長い白髪のジイさんを何度か見かけたことがあるそうな。

すぐに車を飛ばし、目的の駅へ。まずは売店のお姉さんに尋ねてみよう。

「あー、たまに見かけますよ。たぶん、駅の裏のスーパーに買い物に来てるんだと思うけど」

他の売店や切符売り場の駅員さんも見たことがあるという。この駅を利用してるのは間違いなさそうだ。

続いて駅前に停まるタクシーに片っ端から聞きまくったところ、6台目でジイさんを乗せたという運転手を見つけた。

「駅前で乗せたんだけど、行き先が本当に山の中なんですよ。細い山道を登っていって、ここで降ろしてって言われて。え？　ここでいいの？　って感じのとこで」

支払いを終えたジイさんは、山の中の獣道を歩いて登っていったそうだ。よほど印象に残ったのか、運転手はそのとき降ろした場所をはっきり覚えていた。地図に該当地点をチェックする。

もう辺りは暗い。今日のところはいったん宿にでも泊まろう。

頻繁に人の手が加えられている

翌朝、レンタカーを借り直し、タクシーの運ちゃんが教えてくれたポイントへ向かった。途中で手土産として、新米5キロをスーパーで買っていくことに。

国道から急勾配の坂道を登り、木々に囲まれた峠道をクネクネ進んでいくと、10分ほどで、運ちゃんの記憶していたポイントに到着した。

が、ジイさんが登っていったという獣道がなかなか見つからない。1時間ほど峠道を行き来して、ようやくそれらしきポイントを発見した。

峠道の脇から山の斜面に向かって細い獣道

獣道を進んでいく

が伸び、その脇に人の手で積まれたような石が。おそらくジイさんが目印に置いたものだろう。

リュックに手土産の米をくくりつけ、いざ山登り開始だ。

登山用の杖をつきながら、腐葉土が積み重なった柔らかい急勾配の獣道をのぼっていく。

獣道の脇には、ところどころ石を積んだオブジェのようなものが置かれていて、頻繁に人の手が加えられていることがわかる。この先に誰かがいるのは確かだ。

それにしても傾斜がキツイ。思ったよりも本格的な山で、早くも額から汗が流れてくる。途中何度か休憩を挟みつつ、山道を1時間近く登ったあたりで、竹でできた柵や、丸太で組まれた階段が見えてきた。ゴールは近いぞ。

あった！　山小屋を発見！

小屋は手作り感満載の枯れ木の柵で囲まれ、入り口のトビラは、太いチェーンでロックしてある。ここがジイさんの家か。


「いま問題になってるさ、ハーブ置いてるんだよね」


「ごめんくださーい！」

大声で叫び、しばらくその場で待っていると、柵の間から白髪のジイさんの姿が見えた。

シルバーアクセを身につけアーミーパンツをはいている。ずいぶんファンキーな仙人だ。

「こんにちは！」

「誰だ？」

「種市と申します。あの、この下の町で、山暮らししてる方がいると聞きまして、僕も山が好きなもので、ぜひお会いしたいと思いまして」

「ふーん。…うーん」

柵越しにジイさんが、俺の頭から足先までをジロジロ見ている。「あ、コレ、手土産にお米を持ってきたので、よかったらどうぞ」

「うーん……。オーケー。じゃ入っていいよ」

ガチャガチャと鍵を開けてくれた！　やった。お米のおかげか？　買ってきてよかった〜。

「オマエ、そんなに汗かいて。下まで車で来たのか？」

「そうです。路肩に停めてきたんですが大丈夫ですか？」

「うん、車で来たのはいいんだけど、汗かいてるからさ、10分もしないうちに寒くなってガクガクくるから。オマエ着替え持ってないの？」

ジイさんが出てきた！

「着替えはあります」

「じゃ、そこでとりあえずすぐに汗ふいて着替えなさい」

丸太のトビラを開けて敷地の中に入れてもらい、否応なしに着替えをうながされる。

確かに麓よりも気温が低く、体が急激に冷えてきた。

「荷物は濡らさないように乾いたところに置きなさい。着替え終わったら、ダウンも羽織ってきな」

「はい」

「奥にさ、いま問題になってるさ、ハーブ置いてるんだよね」

「ハーブ？」

「大麻、大麻ね」

「ああ、大麻ですね」

「それ片付けるからさ、着替えたらそこで待ってて」

「わかりました」

いきなり大麻の話題が出るとは！　片付けるほどの量があるってことは、ジイさんは山の中で大麻を育ててるんだろう。

大麻は春蒔きの一年草なので、ちょうど今の季節は収穫期にあたる。部屋で乾燥でもさせていたのだろうか。

「君が吸うのは自由だから」

着替えを済ませて待つことしばし。ジイさんが母屋から顔をだした。

「着替え終わりました。いきなりお邪魔しちゃってすみません。ご予定とか、大丈夫でしたか？」

「うん、いまメシ食おうと思ってたんだけど…」

「すみません、直接ここに来るしか方法がなかったもので」

「うん、仕方ないよ。連絡する手段がないんだから。まあいいや、とりあえず上がって」

「おじゃまします」

ジイさんの部屋は、中央に囲炉裏があり、棚にはエスニックな小物などが並べられた、清潔でシャレた空間だった。

囲炉裏の吊り縄部分には、乾燥した植物が吊されている。大麻だ。こんなに堂々と。

「まあ、座って。それで、まず言っとくね」

「はい」

「まあ、下界では色んな法律があるけどさ、今の時点ではまだ状況がわからないかもしれないけど、こんな山の中でジイさんが1人で暮らしてて、ここは法律が及ばないわけじゃないけども、俺の管理の中ではさ、法律があったって関係ねえじゃん。そうでしょ？」

「はい。わかります」

「でね、君が法律のことを知ってるかどうかは知らないけども、コレは大麻なのね」

　ジイさんが囲炉裏に吊された植物を指さした。

「俺ね、この大麻で何回か捕まったことがあるの」

「そうなんですね」

「うん。それでごめんなさいって謝っては、またやってるんだけども」

「日本は厳しいですからね」

「ここでは、俺は大麻を勧めもしないし、吸う吸わないはアナタの自由」

「はい」

「で、こうして大麻を植えてるってことを、日本の法律に従って、正義感を持って、俺を密告するかどうかも、アナタが決めること」

「はい」

「でね、まあ、俺はこれからハーブ吸うんだけどさ。勧めはしないけど、君が吸うのは自由だから」

「ありがとうございます」

「ただ、この部屋、まあ法律がないっていったらおかしいけど、とにかく、俺は大麻に関して良いとか悪いとかじゃないの。ただ、好き！」

「…はい」

「人は何で？　って聞いてくるけども、法律の中でやってはいけないよって言うけどもさ、そういう人に理由を言ってもわからないんだよね」

「確かに、やったことがない人に良さを説明するのは難しいと思います」

「だから俺は、理由を聞かれてもただ好き！　としか言えない」

「なるほど」

「どうして好きなのかを説明しなきゃいけないっていうのもおかしいじゃん？　やったことのない

吸いまくってます

人間に自分の観念を説明して、いや、それは反対だって言われても、冗談じゃないよって。まあ、そういう感じ」

怒濤のマシンガントークが一段落つくと、ジイさんは「話してると吸えないからさ」などと言いながら、木製のボールに大麻の雌しべをいくつか入れ、取り出した折りたたみナイフで器用に刻みだした。

刻んだ大麻を一つまみし、木製の細いパイプに詰めてライターで火をつけ煙を吸い込み、モワワ〜と吐きだす。一連の動きは実にスムーズだ。とにかく彼が大麻を吸うのが好きだってことは、とてもよくわかった。

だいぶ長いこと人と話をしていなかったんだろう。大麻を一服したあとも、ジイさんはマシンガントークで半生を語りだした。

この山はね、友達が贈与してくれたものなの

俺はさ、若いころは革細工とかを作って売りながら、日本中を放浪してたんだよ。そのあと、日雇いで働きながら、こんな感じの家を安く借りてさ、自分で家をいじくるのが好きだからさ。色々やったりしてね。で、ハーブを吸ってさ。

70年の万博の時代からミュージシャンたちと交流があって、インド帰りの連中とかね、そういう連中は情報が早いんだよ。大麻とかハシシ（大麻樹脂）とかのね。そういう連中に洗脳されたっていうか。そのころはLSDが流行った時代でもあったし、シャブとかも一通り試してみたけど、俺

はハーブだけになって、それ以来ケミカルはやってない。

その後だね、相棒がここを買って、住むようになった。彼が仕事をリタイヤしてから使うつもりで買ったんだけど、当時はこういう山に家を建てて、人が何人か集まって住むようなコミューンみたいなのが多かったんだよ。

この山はね、相棒だった友達が俺に贈与してくれたものなの。この山丸ごとね、友達にもらったんだよ。すごいだろアンタ。

相棒がこの山小屋を競売で見つけて買って、俺も遊びに来るようになったんだけど、そのころかな、世の中に携帯電話が出だして。そのときはまだ一般では持ってなかった。でも相棒は仕事で使ってた。馬鹿でかいヤツね。

その携帯のおかげで、彼はウソがつけるようになった。場所をごまかせるから。家族に内緒で若い女の子と遊んだりとかね。まあ不倫のような感じだよね。家族にウソつきながら、女の子とアムス（アムステルダム）に行ったり。しゃあないなと。

そのころ、相棒とその不倫相手が大麻の所持でパクられた。ドレッドヘアだったし。その女の子がLSDもやってたから、検査で出ちゃう。それにビビっちゃってさ。相棒も子供がいるのに不倫してたし、家族は大崩壊だよね。

俺はここに来る前は、もう少し離れたところに住んでたんだけども、「もし俺が死んだら、オマエはココに住め」って、言われてた。

で、結局、相棒はその女の子と2人で入水自殺しちゃった。

死ぬ前にこの山と家は俺に贈与するって遺書のようなものを書いてくれてて、俺は相棒の家族とも仲がよかったしね、それでここを譲り受けた。それからずっと1人でここで住んでる。もう17年になるかな。

お金の話はタブーみたいだ

まるでドラマのような話を聞いて思わず絶句していると、ジイさんは話をしながら作った肉じゃがとご飯を出してくれた。

ちなみにガスはカセットコンロ、電気は太陽光パネルで充電する電池、水は沢から引いているらしい。

その後もジイさんは、ひたすらモクモクと大麻を吸いまくり、しゃべり続けた。

2000年ごろからブームになったレイブパーティや、グレイトフルデッドなど、音楽やドラッグカルチャー、宗教の話題などに話が飛びまくる。

「そういえば、お金はどうされてるんですか？」

「タネイチ君、それは個人情報だから言えないね」

「あ、すみません。ちょっと失礼な質問でした」

「いや、失礼なわけじゃないし普通の質問なんだけど、下界の人間は当たり前のように聞こうとするよね」

お金の話はタブーみたいだ。何か秘密でもあるのか。

「まあ、これは自由に吸っていいからね」

しきりに俺の目の前に大麻用のパイプを置いてくるジイさん。そのたびに礼だけ言ってあいまいに笑うしかない。

その貯蓄がどうやってなされたのか

すでに時間は午後6時をまわり、あたりは完全に暗くなってしまった。大麻の吸いすぎなのか、ジイさんの顔はゆるみっぱなしだ。

それにしてもやはり疑問なのは、彼がどうやって現金を得ているのかだ。町のスーパーでの買い物やタクシーの代金はどう支払っているのか？　まさか…。

「タネイチ、俺はいまやっと解放されたの。少し貯蓄ができたから。俺は年間50万もあれば生活できる。だから、しばらくはお金に縛られずに暮らしていける。生活保護も受けなくていい、そんなこと考えたくもないしね」

その貯蓄がどうやってなされたのかが知りたいのだが、ジイさんだけが一方的にしゃべりまくるこの状況では、核心に迫りにくい。

その後も、いい薪の選び方や、水の探し方、火の使い方など、サバイバルに役立つ情報を教えてもらっているうち、あっという間に時間は過ぎていき、ジイさんの寝る時間になってしまった。まだ8時だけど。

「とにかく寒いからね、上の別宅で寝てくれていいから。ベッドがあるから寝袋に入って寝れば、

肉じゃが、美味しかったです

なんとかなると思うから」

ジイさんはこのすきま風だらけの部屋で、冬用の寝袋にくるまって床の上で寝るそうだ。

ライトを照らし、真っ暗な森の中にある別宅（丸太小屋）をジイさんに案内してもらい、どうにかベッドの中まで辿り着いた。

遠くから、沢の音や鹿の鳴き声が聞こえてくる。こんなところにいたら、葉っぱに手を出してしまいそうだ。ヤバイヤバイ。

「ジャー・ラスタ・ファーライ」

翌朝、6時に目が覚めた。早寝早起きは実に気持ちがいい。

すぐに身支度をして、荷物をもって小屋へ歩いていく。昨夜は暗くてまったく見えなかったが、こうしてジイさんの敷地を歩いてみると、景観の美しさに見とれてしまう。

そういえば空気もうまいし、沢から引いたという水も抜群にうまかった。

「おはようございます」

「うん、荷物はそこに置いて、いまコーヒー入れてやるから、上がりなさい」

このコーヒーがまた美味い！

ジイさんの大麻タイムは午後からだそうで、朝はコーヒーを飲むだけだ。さすがに1日中大麻でボケてはいられないんだな。

さて、そろそろおいとまするとしようか。立ち上がって外に出ると、ジイさんは門のところまで見送りに来てくれた。

「こうして、わざわざ訪ねてきてくれて、タネイチと会えたわけだけども、俺はこれも何かの縁だと思ってる。またいつでも遊びにきなさい。冬の間は寒いから、春、4月になってからね」

「突然の訪問なのに、ご飯も寝床も用意してもらって、本当にありがとうございました。絶対遊びにきます」

ジイさんが右手を差し出し、俺も右手をだして固い握手を交わす。そしてガッチリとハグ。

「ジャー・ラスタ・ファーライ（神とともに）。気をつけて帰りなさい」

こうして俺は山を下り、停めっぱなしのレンタカーに戻った。そして東京に帰った今もなお、あのとき見た光景がウソのように思えてならない。

REPORT 13

祭りでよく見る「ひもクジ」露店の高額商品 本当にひもとつながってんのか？

リポート／仙頭正教（編集部）

Ｗｉｉが動く気配は微塵もなし

２０１６年2月のことだからもうだいぶ時間が経った。そろそろ時効なので（というか犯罪じゃないと思うけど）報告させていただこう。

その冬の日の夜、都内のある神社のお祭りに一人でふらっと出かけた。けっこう大きなお祭りのため、金魚すくいに大判焼き、フランクフルト等々、夜店がいっぱい並んでいる。

イカ焼きをかぶりつきながら、夜店をフラフラ回ってると、ある店に目が留まった。ヒモをくくりつけたオモチャがガラスケースに入り、その手前にヒモの束が――。ははーん『ヒモくじ屋』か。ときどき見かける露店である。ヒモは束になってるから、どのヒモがどの商品につながってるかはわからず、運を頼りにヒモを引っ張る遊びなのだが…。

この手の店、オレはずっと前から怪しいと思っていた。見たところ、一番高そうな景品は任天堂Ｗｉｉだが、ホントに当たんの？　ヒモはちゃんとつながってんの？

とそこに小学生くらいの少年がやってきた。彼の視線の先にはＷｉｉが。

お願い当たって！　という声が聞こえてくるほど真剣な表情で、少年はヒモを選び、そして引っ張った。

あちゃー。

シャボン玉セットが出てきた瞬間、少年の肩がドリフのコントのようにわかりやすくガクリと落ちた。

料金は1回300円。少年にとっては虎の子の金額に決まってる。それがシャボン玉に。かわいそうなこって。

その後、しばらく様子を窺ってみたのだが、何だかなぁって感じだった。子供たちがWiiに目を輝かせてやってきては、ことごとくしょーもない景品を掴まされていく。

パッと見、ヒモは50本くらい。Wiiの確率は50分の1である。出ない数字じゃないのに、Wiiが引っ張られる気配は微塵もない。店のニーちゃんも余裕の表情をかましてるし。

やっぱダマしなのか。そうとしか思えんけど。

同時に全部引っ張ればシロクロはっきりする

ガキんちょを騙すような商売しやがって。正義感みたいなもんがメラメラ燃え上がってきた。何とかイカサマを暴いてやりたい。

このひもクジ、1回引かれたひもはまた別の商品をくくりつけて元に戻すことになっている。だから連続で50回引いたところでWiiを引けるとは限らない。

でも50本すべてを一気に引っ張れば白黒はハッキリする。これでWiiが動かなければ明らかなイカサマである。

オレはニーちゃんに声をかけた。

「すみませーん」

「あ、やりますか?」

相手が顔をあげ、こちらを見る。

「1回300円ですけど」

「あのさ、一気にぜんぶ引きたいんだけど」

「は？」

「お金払うんで、この束を一気に全部引かせてよ」

「いやー、それはちょっと」

ニーちゃんは苦笑いし、手をひらひら振る。

ケースには任天堂 Wii がこれ見よがしに置いてあるが…

カスをつかまされる子どもたち

「そういうのはダメなんですよ」

「何で？」

「…一応そういうルールなんで」

「お金払うんだからいいでしょ」

「ホントにダメなんで」

相手の声がだんだんイライラしてきた。

「何でそんなに引きたいわけ？」

「そこのＷｉｉがどうしてもほしくって。全部引いたら当たるでしょ」

「…はぁ」と溜息をつくと、ニーちゃんは腕を組みながら言う。

「…でもさぁ、全部引かせることはできないんで」

「どうしてもムリ？」

「ムリ。これは子供の遊びなの。わかるでしょ？」

わかんないわかんない。ちゃっかり料金は取ってるくせに子供の遊びってどういう理屈だよ。ヘンでしょ！

しかし、掛け合いは平行線を辿り続けるばかりだった。ここはいったん作戦を練り直そう。

「子どもの遊びなんで困ります」
そんな理屈、認めん！

63本の束をぐいっ！ Ｗｉｉは動くか？

あの拒み方は尋常じゃない。自分でクロだと白状したようなもんだ。

だとすれば、なおさら証拠を押さえねば。オレが全国のチビっ子たちを救ってあげるのだ。

残る方法は一つしかない。店のニーちゃんがギャーギャー言おうが、完全シカトで強引に引っ張るのだ。かなり大胆だがやるしかない。

再び店に戻ると、ニーちゃんはオレに気付いた途端にイヤな顔をした。

「また来たの？」

「…まあ、ちょっと」

オレは左手でヒモの束をつかみ、5本ずつ右手に取っていく。

「何してんの？」

「何本あるのかなと……30、35、40…」

「ねえちょっと！」

「…50、55、60。それと3本ってことは63本ね」

63回分の代金は2万円弱。オレは財布から1万円札を2枚取り出し、ニーちゃんに向けて差し出した。

「何これ？」

「ヒモ代」

「あんたもしつこいね」

ニーちゃんは苦笑いしながら言う。

「ダメなもんはダメだって」

そう来ることはわかってた。でも金を払った上で引っ張るぶんには法的な問題はないはず。お宅の勝手なルールには違反するとしても。

オレは1回深呼吸したあと、2万円をニーちゃんに放り投げた。

「ほら！」

何が起こったかわからず、ニーちゃんが一瞬ポカンとする。それにおかまいなく、ヒモの束を手に握る。

ぐおっ！　63本の商品が結ばれたヒモは、互いの摩擦もあって、予想以上に重たかった。渾身の力をこめ引っ張りながら、Ｗｉｉを見つめる。動くか!?　動かないか！

この間約1秒。状況に気付いたニーちゃんが、こちらにつかみかかってきた。

「何やってんだ！」

ヤベー。咄嗟に体をかわすが、ヒモは離さない。さらに力を込めると、ガラスケースが傾きかけ、オモチャが一斉に持ち上がった。

まとめて引いてやる！

Ｗｉｉは⁉

動いてない動いてない！　確認したぞ！

「てめぇ、ふざけんなよ」

今にもガラスケースを飛び越えてきそうなほどニーちゃんが迫ってくる。よし、もう撤収だ！

「こら待て！」

怒声を背中に聞きながら、俺は境内を駆け出した。

REPORT 14

美人韓国デリヘル嬢マリンちゃんが同時刻に別のホテルに現れる不思議

リポート/高山 健（フリーライター）

HP のマリンちゃん。顔もスタイルも超一流です

友達と同時に同じコを指名すれば

当ページの写真は、韓国デリヘルのHPに掲載されている女の子たちである。皆、ルックスもスタイルも抜群で、ついつい指名しそうになってしまう子ばかりだ。

しかし言うまでもないが、この手のサイト写真はほぼ100％修正済み、もしくは別人である。写真と同じモデルばりの子がやってくることはない。

なので日夜、怒った客と韓デリ嬢の間では、こんな会話がなされている。

「あれ、君がモモちゃん？」

「ハイ、私モモです」

「写真とぜんぜん違うね」

「撮影ノトキと少し顔変わったカラ」

「少しどころかかなり変わってんだけど」

「んー、私よくワカラナイ」

明らかな別人のクセに、写真当人だと言い張るクソ女。ならばと業者に電話しても「はい、彼女がモモですがどうかしました

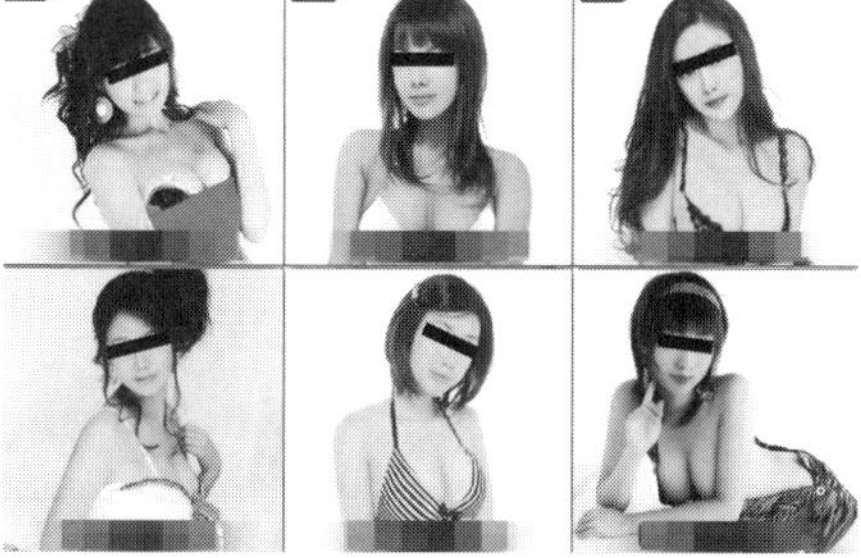

か?」でおしまいだ。

こんな詐欺がまかりとおる世の中に憤っている男性は多いはずだ。明白な嘘なのに、業者側の言い分を呑むしかないなんて。

しかし突っ込む余地はある。

韓国デリヘルにおけるこのデタラメぶり、次のように考えられないだろうか。

モモだろうがマイだろうが、とにかくHPの写真はぜんぶつくりもので、誰を指名しようが似ても似つかぬ女がやってくるということは、『1源氏名＝1人』とは限らないのでは? いろんな女がモモ役をこなしているのでは?

業者の立場になればよくわかる。もしモモ役が1人ならば、「今日は休みです」「1時間待ちです」と、指名電話をときに断らねばならない。売り上げが伸びない。

しかしどうせニセ者を派遣するなら、誰をモモにでっちあげてもいいわけで、出勤中の女を「今日はモモでよろしく」と送り出せば済むはずだ。

となると、ある矛盾が生じることになる……。よし、このオレが日本男子を代表し、韓国デリヘル界の大嘘を暴いてやろうではないか。

計画はこうだ。まず友人がデリヘル店に電話をして、ターゲットとなる女を指名する。

OKが出ればその5分後にオレが同じ店に電話し、同じ女を指名する。

もし待ち時間なしでオレにもOKが出れば、『1源氏名＝複数人』となる。同じ時刻、別の場所に同じ女が登場するという大矛盾だ。ホテルにやってきた2人は、共に自分が写真の本人だと言い切るんだろうか。

「マリンは私デス」「ワタシはマリンです」

週末の昼間、上野のマンガ喫茶で、オレと友人の鳴海は韓国デリヘルを検索した。どこも修正写真のオンパレードで、瞳がパチクリした巨乳ばかりだ。こんな女、世界中どこにもいねーよ。

数分後、オレたちは中でもとびきりの美女、マリンちゃん（仮名・180ページ写真）にロックオンした。深田恭子にそっくりで、バストも95センチときた。

まずは鳴海が業者に電話する。

「サイトに写真が出てる、身長160センチで、バストが95センチの、マリンちゃんをお願いします」

「わかりました、10分で行きます。ホテルに入ったら連絡ください」

あっさりOKが出た。

さらに5分後、オレも同じ店に電話。

「マリンちゃんってすぐいけますか？　HPに出てる女の子なんですけど」

「大丈夫です。10分で向かいますので、ホテルから電話ください」

やっちゃってくれました。さあ、女たちはどう取り繕ってくるのやら。

ホテル「絆」201号室　11時15分 鳴海のリポート

ホテルで待っていると、時間ちょうどにノックの音が。ドキドキしながらドアを開ける。と、そこには写真のマリンと似てなくもない女が立っていた。正直、判断が難しい…。

髪型は一緒なのだが、他はどこも微妙に違う。非常に惜しい。この違和感はなんなのだろう。

とりあえず部屋に入れると、彼女は挨拶をして名刺を渡してきた。あれ、ミキと書いてある。名前違うんですけど…。

「お店ではマリンって呼ばれてマス。でも本名はミキなんデス」

いま、なんかミョーな間が空かなかったか？　だいたいなんで名刺に本名書くんだ。

「じゃあ君は店のHPに載ってる、あのマリンちゃんに間違いないってことね？」

「そうデス。私がマリンです」

「なんかHPの写真と顔が違うね」

「写真はキレイなスタジオで撮ったからフンイキ違うんデス」

ありがちな受け答えだ。

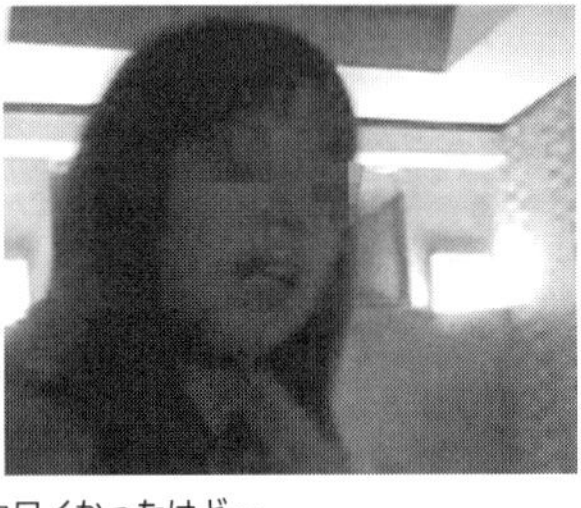

鳴海の部屋に来たマリンちゃん。そこそこカワイかったけど…

ひととおりのプレイを終えた後で、またツッコむ。

「にしてもオカシイなあ。いま友達からマリンちゃんとプレイしてるってメールが来たんだけど、どういうことだろ」

「マリンは私デス」

しぶとい女だ。

ホテル「大柿」８０２号室　11時20分 高山のリポート

女がきた。……全然違う女だ。良く言えば歌手のＢＯＡに似てる感じか。間違っても深田恭子には見えない。

と、女がいきなり名刺を見せながら言い放った。

「ハジメまして〜サヤデ〜ス！」

はい？　オレが呼んだのはマリンちゃんなんだけど。

「ハイ、お店ではマリンって呼ばれてる。でも本名はサヤですヨ」

どういうごまかし方だよ。名刺って普通は源氏名が書いてあるもんだろうが。

ならばと、あらかじめプリントアウトしておいたＨＰ写真を見せる。さぁ、これでも自分がマリンだと言えるのか？

「ワタシです。カメラマンが大きなスタジオで撮ったカラ、キレイに映ってる」

ひとまず風呂に入り、服を脱がすと、どう見てもバスト95センチではない。試しに聞いてみると、「84センチデス」とのこと。そーですか。アナタが扮してるマリンちゃんは95センチのビッグバストのはずなんですけど。

「あのさ、別のホテルで友達がマリンちゃんを呼んでるらしいんだけど、じゃあキミは誰なの？」

「ワタシはマリンです」

「だから、別のホテルにマリンちゃんがいるんだって」

「ワタシ、日本に来たばかりでムズカシイ言葉ワカラナイよ」


ホテルを出て2人の話をまとめるに、どうやら彼女らは本名（？）とやらの名刺を持ち、客に合わせて源氏名を使い分けていることがわかった。これなら何種もの名刺は持たなくて済むので賢いやり方だ。


オレは業者に電話した。

「さっきマリンちゃん呼んだんだけど」

「はい、ありがとうございます」

「写真とぜんぜん違ったのはどういうわけ？」

同じ時期にオレの部屋にもマリンちゃんが

「いや、彼女がマリンですが」

すっとぼけるか。よし、じゃあこれでどうだ。

「同じ時間に友達もお宅からマリンちゃん呼んで遊んでたんだけど、おかしくない？」

「……………」

「ねえ、おかしいよね」

「………………………」

無言のまま電話は切れた。

かくして韓デリ業界の言い訳は木っ端微塵に崩れ去った。「スタジオで撮ったから…」「顔が変わったから…」はすべてウソ。ＨＰで興奮するのは勃起ゾンだ。

REPORT 15

カリフォルニアビーチ、砂漠地帯、ニューヨークで実地調査
「全米が泣いた」映画でアメリカ人たちは本当に涙するのか

リポート／種市憲寛（編集部）

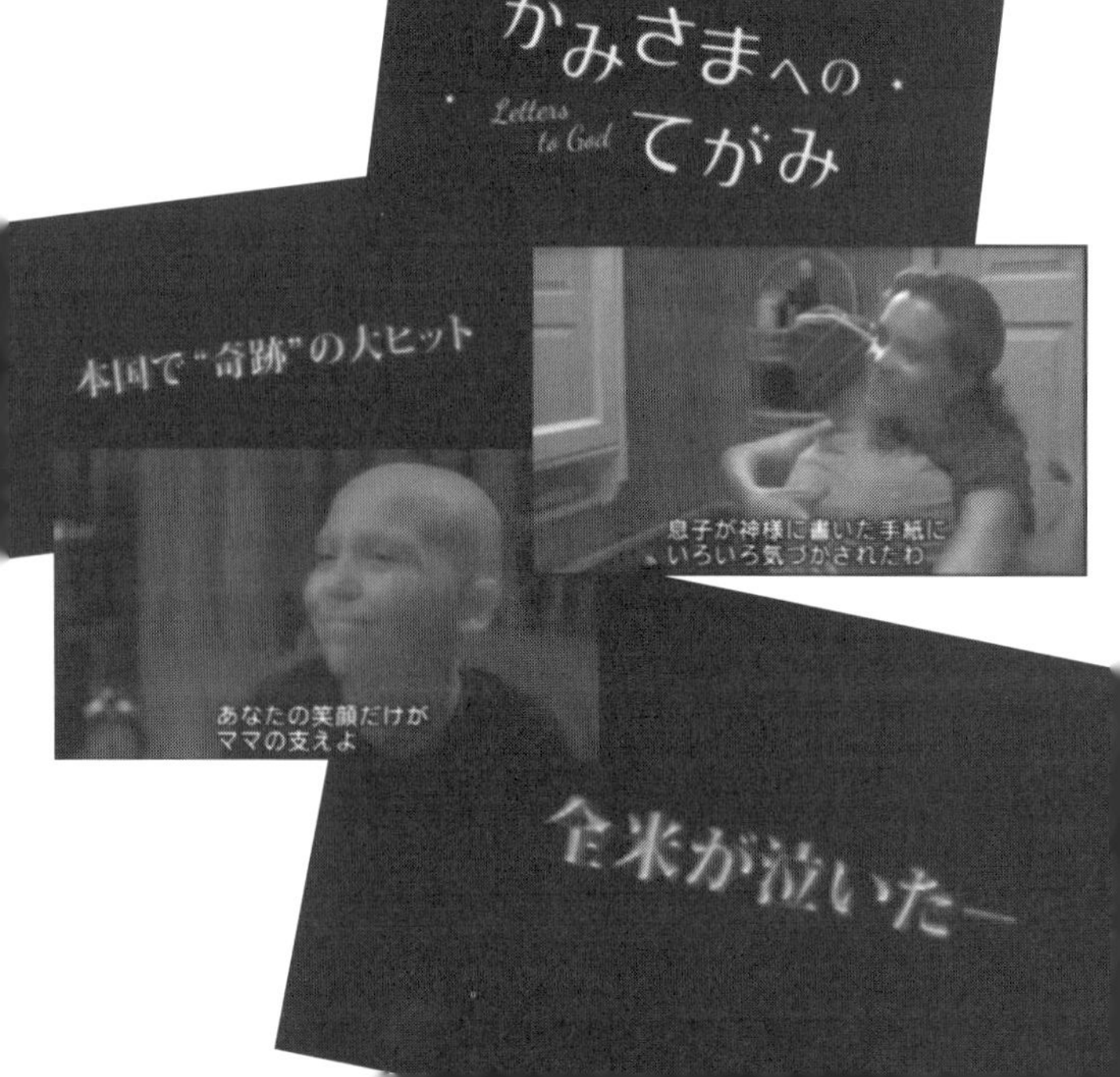

洋画の宣伝でたまに見かけるのがこの文句だ。

――全米が泣いた――

全米、つまりアメリカ全て。その映画を観たアメリカ人は、一人残らず涙したわけだ。

どうやらこのフレーズは『アルマゲドン（98年日本公開）』あたりから使われ始めたらしく、その後も感動系のお涙ちょうだい映画でたびたび見かけることは、みなさんご存じの通りだ。

ホントなのか。その映画によってアメリカ人はみんな泣くのか。事実でなければ、宣伝を作った配給会社は大嘘つきということになるが。

では調査開始だ。

では行ってまいります。

全米50州をすべて廻るわけにはいかないので、代表的な地域として、西海岸、中部の砂漠地帯、そしてニューヨークの三ヶ所の人々に、該当の映画をiPadで観てもらい、涙が出るかどうかチェックするとしよう。

持参するのは『かみさまへのてがみ』という作品だ。右ページ写真のような宣伝が

こんな映画です

8歳にしてガンに侵された少年タイラーは、毎日欠かさず神様へ感謝の手紙を書いている。

母親のこと、大親友のこと。身の回りの人々や神さまへ、感謝や祈りの言葉を綴るタイラー。

その手紙を読んだ人々は感動し、自らも神様宛ての手紙を書くように。しかし、ガンはタイラーの体を蝕み、悲しい最期を迎える。

なされた、愚にもつかないファミリードラマである。

全米よ、こんな陳腐な映画で泣くのか？

カリフォルニアビーチ編

というわけで、アメリカはカリフォルニアにやってきました。

温暖な気候、からりと渇いた空気、これぞアメリカ西海岸って感じだ。

空港でレンタカーを借りてまず向かったのは、西海岸の代表的なビーチ、サンタモニカだ。ビーチのど真ん中に設置された遊園地の周りには、バーガーショップや土産屋、レストランなどがあり

こんな天気の日中に
泣きたくないだろうけど

ずいぶん早送りしてました

観光客の数も多い。

遊園地脇の歩道で、ウエスタンハットを被った兄ちゃんを発見した。つたない英語で取材の主旨を伝える。

「オー、君はそのためにトーキョーから来たのか？　ＯＫだよ」

アンドリューさん、36歳。この映画のことはタイトルすら聞いたことがないそうな。

さっそくｉＰａｄを渡し、上映開始だ。途中で倍速再生なども交ぜつつ、なんとか観終えてもらった。

では感想を聞いてみよう。どうでした？　泣けました？

悪い映画じゃないと思うよ。でも泣いてない。だって、これはクリスチャンムービーだろ？　俺はクリスチャンじゃないからね。この映画はリアルストーリーなのかい？　だとしても泣けないよ

いきなり泣かない人が登場してしまった。もうこれで全米

は泣いてないことになってしまうぞ。

砂漠エリア編

翌日、ハイウェイを飛ばし、ロサンゼルス北部の山を越えて砂漠エリアに向かった。

走行距離が300キロを越えたあたりで景色は茶色の地平線だけになり、対向車の数もゼロに。逆に、馬で移動するオッサンがちらほら現れた。かなりの田舎まできたようだ。

砂漠のど真ん中に、酒屋が併設されたガソリンスタンドを発見した。いかにもな雰囲気だ。ここらでいいだろう。

ずいぶん走ったなぁ

ここで協力者を募るとしよう

オレ、仕事中なんだけど

ギャング風の黒人男性やボロい車に乗ったメキシコ人など、食料品を買いにきた現地人たちに片っ端から話しかけ、数人に断られ続けた結果、ようやくコンボイトラックに乗った白人男性がお願いを聞いてくれることになった。

運送会社に勤務するジェフさん53歳だ。彼もこの映画はまったく知らないそうだ。

iPadの操作方法を教え、トラックの中で約1時間ほどかけて観てもらった。

さて、感想はいかがでしょう。泣けましたか？

泣けないね。俳優の演技が良くない。でもいいセリフはたくさんあった。特に男の子のお爺さんがいい言葉を言っていた。いい映画だと思うよ。泣かなくちゃいけなかったんだろ？ すまないけど無理だよ

あらら、泣かなかった人2連チャンだ。どういうことだ。

ニューヨーク編

一日ロサンゼルスに戻り、飛行機でニューヨークへ。空港を降りると一気に気温が下がった。アメリカは広い。このあたりはまだ冬だ。

地下鉄を乗り継ぎ、ブルックリンブリッジパークへ向かった。マンハッタンの眺めがいい公園として有名なスポットだ。さっそく協力者を探してみよう。

ランニング中の白人男性や黒人カップルなど数人に断られつづけ、ようやく白人カップルが食らいついてくれた。

ニューヨークは冬でした

寒い中、すみません

「トーキョーからそのために来たの？　ハハハ、ハードワーカーだね」

2人はジョージさんとカレンさん、30代のカップルだ。では近くのベンチで上映スタート。

少々寒いこともあり、ところどころ早送りをかまして再生しつつ30分ほどかけて観終わった。さてどうだろう。泣けましたか？

ノー。泣けないよ。
もしクリスチャンなら、メッセージを感じたかもしれないけど。
二人の子供の演技はよかったよ。

私も泣けないわね。楽しめなかった。
宗教的なプロパガンダムービーみたいだと感じたわ。
泣けるほどの映画だとは感じなかったわ。

これにて調査は終了だ。結果は4人中4人とも泣けず。西

泣いてなかったんですけど

だろうが東だろうが関係なく泣けず。どういうことだ！

ウソつき会社に電話だ！

日本に戻り、『かみさまへのてがみ』の配給会社に電話をかけた。

「もしもし」

「はい、もしもし」

「『かみさまへのてがみ』の宣伝内容についての苦情なんですが」

「はい」

「全米が泣いた、と書かれてましたので、西海岸と砂漠エリアとニューヨークの3ヶ所で、現地のアメリカ人に観せてきたんですよ」

「はぁ…」

「結果として、誰も泣かなかったんですよ。何を根拠に、このような宣伝文句を使ったのかということを伺いたいんですが」

電話口の女性は答えた。

「あのー、うちの方はプロデューサーのお話とかを受けて、アメリカでの試写とか一般の方への公開のときに、非常に涙を誘ったということを聞いての展開なので、あの、日本でもやっぱり、誰が泣いて、誰が泣かなかったというのは個人差があると思うんですけども、ウチとしてはそこを逆にアピールしたかった、というのがありまして、こういう展開になったんですけども」

なんだかよくわからない。逆にアピール？

「宣伝なのはわかるんですが、全てのアメリカ人が泣いてるわけじゃないですよね」

「もちろん、あのー、それが全て正しいかと言われると、あの、正しくはないのかもしれないんですけども、あのー、あくまでも宣伝ですので」

「いくら宣伝でもウソを言うのはよくないと思いませんか？」

「あのー、こちらとしましては、感動できる作品ですよ、泣ける作品ですよ、という説明を加えて紹介しなくてはいけないので、そういう表現になってしまったんですけども」

どうにもわかりにくい説明だ。煙に巻く戦法か。

「とにかく全米が泣いたは言い過ぎだと思うんですよ。今後は使わないでいただけますか？」

「はい、そうですよね。わかりました。そういったご意見を頂いたことを社内でも検討させていただきますので。どうもありがとうございました。失礼いたします」

社内で検討か。これじゃ改善されるとは思えないな。

REPORT 16

反捕鯨オーストラリア人にクジラ肉を「旨い」と言わせる

リポート／種市憲寛（編集部）

シーシェパードとかいう連中がウザくて仕方ない。鯨を捕るな食うなと我々日本人に攻撃をしかけてくるアイツら、どうにかならんものか。

オーストラリア人も鬱陶しい。あの国民もずいぶん前から、日本の捕鯨活動をバッシングしている。カンガルーは食べていいけど鯨はダメ。そんな理屈あるかよ。

といっても俺は過激な国粋主義者じゃないから、日本のやることならなんでもアリだなんて思っちゃいない。クジラ問題に関してどうにも合点がいかないだけだ。

なんだか叩かれてまっせ、日本。やり返さなくていいのか。でも武力を使うなんてもってのほかだしな…。

そこで俺は、一発で溜飲を下げる方法を思いついた。反捕鯨を主張する連中に、クジラの旨さを認めさせるのだ。どうせ食ったこともないのに、可哀想です、知能が高いのですとヒステリックに叫んでるヤツらのこと、食えば意外と「デリシャス！」なんて言うのでは？

捕鯨反対のくせに満足げに食うなんて、実に痛快じゃないか。

大使館にもオージーバーにもなかなかいない

できれば食わせる相手はシーシェパードにしたいところだが、見つけられそうにないので反捕鯨のオーストラリア人を探すとしよう。大使館にゴーだ。

オフィスビルや高級マンションが立ち並ぶ閑静なロケーションに、オーストラリア大使館はあった。ときおり数人の外国人がスーツ姿で中に入っていく。職員だろう。お堅そうなので友達になるのは無理っぽい。ビザの申請か何かで来た一般人を待ったほうが良さそうだ。

　正面の入口脇では警備員がトビラの開け閉めをしている。すでにコチラの存在に気づいており、チラチラ警戒中だ。

　少し離れた場所に移動してしばらく待ってみたが、現れるのは職員ばかりだ。

と、10分もしないうちに入り口にいた警備員のオジサンが近づいてきた。

「どうされました？」

「いや…えーと、ワーキングホリデーのことを詳しく知りたくて来たんですけど…」

「ワーホリの関係は別のところに委託してるんで、コチラに来ていただいてもダメなんですよ」

やめた。大使館はあきらめよう。

次に向かうは、六本木のオージーレストランだ。名のとおり、オーストラリア料理専門店である。

夜8時、店内には数人の日本人しかいなかった。店員も関西弁を操る純日本人だ。

「すみません、ここってオーストラリア人は来ないんですか？」

「あー、たまに大使館の方とかいらっしゃいますけど、普段は日本人の方が多いですね」

どこにいるんだ、一般オージー。こうなりゃ外国人だらけのクラブにでも行くか。

職員とは仲良くなれそうにないし…

六本木のクラブは、大勢の外国人で身動きとれないほどの盛況だった。が、踊ってるのは黒人やブラジル系のいかにも不良外国人ぽい客ばかりだ。

フロアの端っこに白人女性2人と、ガタイのいい短髪白人中年2人のグループがいる。体格の大きさからもオージーの可能性は高いぞ。

「ハロー。皆さんどこから来たんですか？」

「ドイツです」

短髪の男性が日本語で答えてくれた。残念。

とりあえず、その後も同じ要領でガタイの大きい白人をみかけるたびに声をかけていく。

「アイム、アメリカン」

わしゃドイツじゃ

おいらはアメリカ　あたいはキャナダ

「ブラジル」

「スイッツランド」

なかなかいないものだ。


「だってクジラ、可哀想。アナタ食べマスカ?」


「ハロー、ホェアーフロム?」

「オーストラリアです」

ようやく発見した。カウンター席に座る白人の女。しかもちょっぴり日本語も話せるようだ。

「オーストラリアか。いいですね。すごく行きたい国ですよ。去年、友達も旅行して、いい国だって言ってました」

「そうデスカ。日本モ楽シイデスヨ。東京オモシロイ」

彼女、3年前に東京に来たらしく、麻布の美容系の会社で働いているそうな。名前はオリビア。これから六本木に住む友達の家でパーティがあるので、ここで時間を潰していたらしい。

軽く六本木の遊び場情報などを交換し、ビール

ようやくオージー発見!

を奢ってやりながらさりげなく聞いた。

「オリビア、いまクジラ肉が問題になってるけど、それについてどう思う？　シーシェパードがニュースになってるでしょ？」

「あー、彼らはヒステリックですね。でもワタシもクジラを殺すのは反対デス」

「どうして？」

「だってクジラ、可哀想。アナタ食べマスカ？」

やはりオーストラリア人、予想どおりの答えが返ってきた。オリビア、ターゲットは君にさせてもらうよ。

別れ際に会社の名刺をもらい、つたない英語でメールすること約10日。さらに携帯メールを聞き出してからなんとひと月も経って、ようやく食事のアポに至った。途中でプッツリ連絡を途切れさすのは、あちらの国民性なんだろうか。

オリビアにどうやってクジラ肉を食べさせるか。もちろん専門店は逃げ出すに決まってるからムリだ。

なので普通の居酒屋に連れて行き、あらかじめ自作しておいたクジラ料理をこっそりテーブルに並べることにしよう。

もちろん口に入れた瞬間にバレてしまえばオジャンなので、独特の臭みは徹底的に消し去らねば。となれば唐揚げが正解か。

アポ当日の夕方、俺はキッチンに立った。

クジラ肉の唐揚げ（臭みなし）の作り方

3

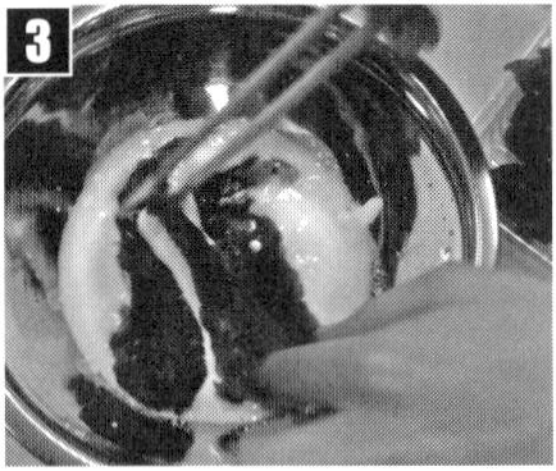

ヨーグルトに漬けて柔らかくすると同時に匂いを消す

材　料

鯨肉	200グラム
サラダオイル	適量
あらびき胡椒	適量
小麦粉 or 片栗粉	適量
しょうゆ	大さじ1
ヨーグルト	適量
生姜	チューブ5cm
ニンニク	チューブ5cm
オレガノ	適量

4

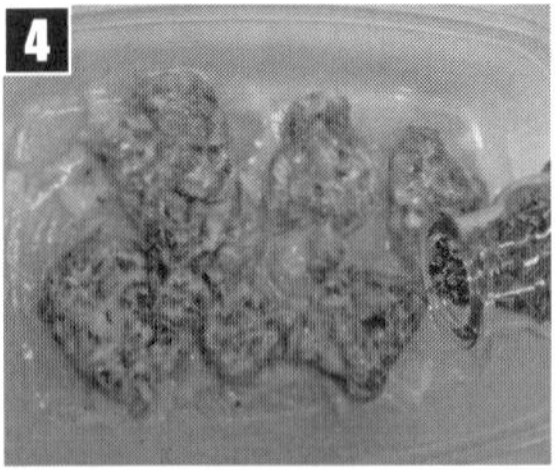

香辛料のオレガノをまぶす

1

スーパーで鯨の赤身を購入

5

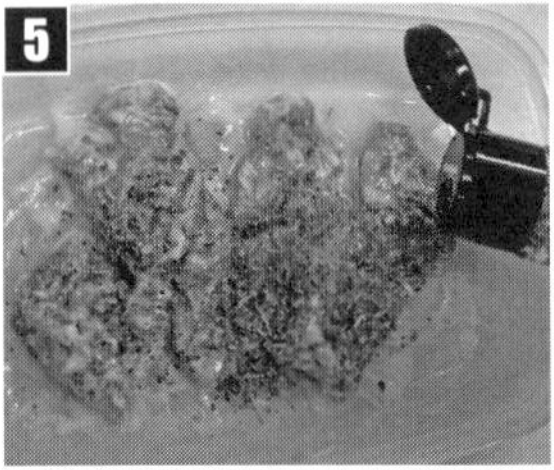

あらびき胡椒をまぶす

2

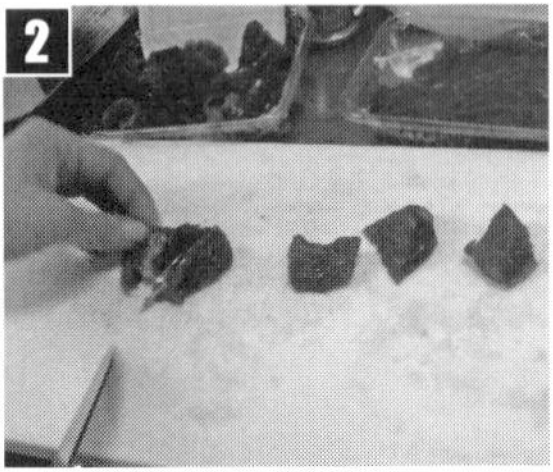

ブツ切りに

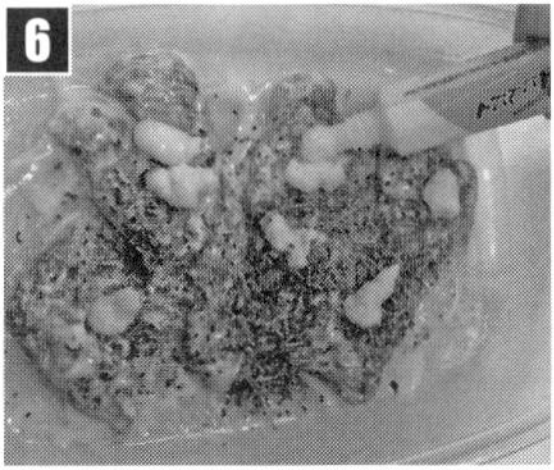

ニンニク、生姜を多めに入れる

しょうゆを適量入れて混ぜ合わせる

小麦粉 or 片栗粉を少々

サラダオイルで中火で揚げる

レモンを添えて完成

味見した感じでは、鶏の唐揚げにかなり近い。噛みつづけるとあの独特の臭みに気づくが、それはクジラの味を知ってるからであって、意識しなけりゃそのまま飲み込んでしまうレベルだ。そして、フツーに旨い。オリビアの「デリシャス！」も十二分に期待できる。

100均で買った皿、皿に敷く天紙、そしてタッパーウェアに入れた唐揚げをカバンに入れ、俺はアポに向かった。

「じゃあ俺は…チキンフライにしようかな」

彼女は約束の時間どおりに現れた。

「ハウアーユードゥイング！　オリビア！」

「ハーイ、ノリ！」

「それじゃ、なにか食べましょうか。居酒屋でも大丈夫？」

「OK、大丈夫」

武器が唐揚げだけに、フレンチやイタリアンを希望されれば弱ったところだが、とりあえず第一関門は突破だ。

チェーン居酒屋に入り、彼女はホット烏龍茶を、俺はビールを頼む。

店員が持ってくれば疑うはずなし

「オリビア、何が食べたい？」

「サラダ食べたい」

「ＯＫ。じゃあ俺は…厚焼き玉子とフライドチキンにしようかな」

メニュー表では「鶏の唐揚げ」だが、わざと英語でチキンの部分を強調して独り言をつぶやく。

ここで作戦を整理しておく。

1 鶏の唐揚げを注文する。
2 クジラ肉の唐揚げを持ってトイレに立つフリをする。
3 店員を捕まえて鶏の唐揚げをキャンセルし、代わりに持参したクジラ肉の唐揚げを出してもらうように頼む。彼女の誕生日のサプライズプレゼントなのでと。

さてうまくいくだろうか。

店員を呼び、サラダ、厚焼き玉子、そして鶏の唐揚げを注文。店員が下がるやすかさず、俺も席を立つ。

「オリビアごめん、ちょっとトイレ行ってくるよ」

「オーケー」

セーターで隠すように、タッパーとお皿を持って席を離れ、廊下の陰ですばやく盛り合わせる。

注文を受けてくれた店員は…おっ、あそこだ。

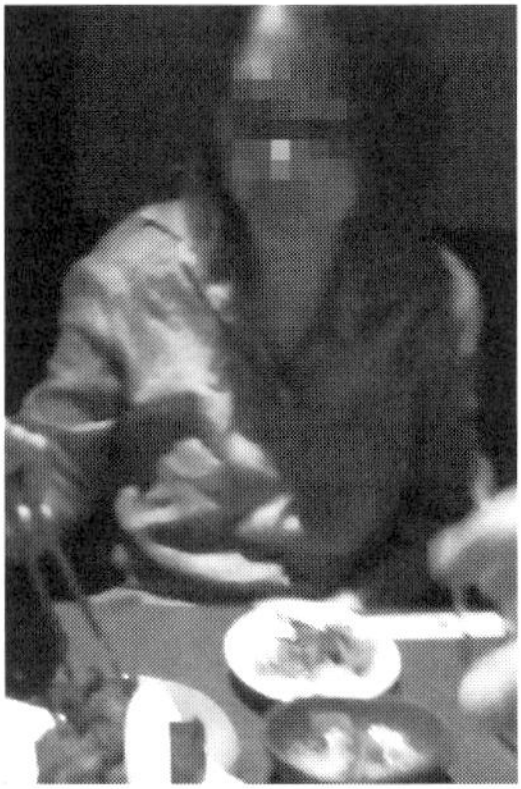

ついに箸が…食った！

食った！

「すみません、注文した鶏の唐揚げをキャンセルしてもらえます？」

「はい、大丈夫ですよ」

「それと、一つお願いがあるんですが」

「はい」

「彼女にサプライズな贈り物として食べさせてあげたいんで、店員さんこれ、持ってきていただけないですか？」

「ああ、いいですよ。すぐにお持ちしますか？」

「じゃ、飲み物の後でお願いします」

完璧だ。頼むぜ店員さん。

彼女自らレモンを搾り、箸が唐揚げを挟んだ

何食わぬ顔で席に戻ると、すでに飲み物が用意されていた。

「待たせてごめんなさい、乾杯しようか」

「オーケー！　カンパーイ！」

会食は和やかにスタートした。オリビアは喋るのが好きで、他国の文化から、食べ物や旅行、ノリピーの逮捕劇まで、色々な話をしてくれる。いい子だ。でもクジラ食わすけど。

食事がやってきた。お盆の上にはサラダと厚焼き玉子しか乗っていない。店員さんがチラリと目配せしてくる。呼吸を合わせてくれてるのか。うん、もう出してくれていいぞ。

すぐに同じ店員さんがクジラの唐揚げを持って再登場した。いいぞ、とっても自然だ。

まず俺から箸をつける。パクッ、ちょっと冷めすぎか。

「うん、うまいね。冷えてるけどうまい」

軽い芝居をかました後、平静を保って会話をつづける。

「オリビアはどんな音楽聞くの？」

「そうですねー、イギリスのポップスですね」

「へー、オーストラリアのポップスはどうですか？」

「あー、聞かないデスネー。レモンかけてもＯＫ？」

「オーケーオーケー」

「オイシイです」勝った！

彼女自らレモンを絞り、箸が唐揚げを挟んだ。そしてついに、クジラ肉が、口の中へ……入った――!!

彼女がクジラ肉を咀嚼している間、俺は穏やかに会話しながら表情を追った。変化なし。間違いなくチキンだと思ってる。

「オリビア、美味しい？　一杯食べてね」

「サンキュー。オイシイです」

勝った。はっきり言った。やや誘導尋問っぽくはあったが、クジラ肉を飲み込んだその口で、オイシイと彼女は言ったのだ。

当初は、最後の最後ですべてをバラそうと考えてもいたのだが、そこまでするのも大人げないと、未来永劫、黙っておくことにした。

クジラ肉の唐揚げ全7個のうち、彼女が食べたのは3個。いずれを口にしたときも表情に変化はなかった。

REPORT 17

出会い系のオンナの「○○似です」を討つ タレント写真を当人の横に並べれば反論できまい！

リポート／仙頭正教（編集部）　　イラスト／松田望

出会い系女のプロフに、『似てる芸能人名』がよく書いてある。

「似てる芸能人・上戸彩」

「佐々木希に似てるってよく言われます」

ホンマかよってな話だ。そんな女が出会い系やるか？　特にエンコー系の女がそんな美形なパターン、あるか？

もちろん実際に現れるのは、似ても似つかぬ女だろう。プロフの嘘をきっちりお仕置きしてやるべきだ。

しかしだからといってその場で「似てる」「似てない」を口論したところで水掛け論に終わる。ここはひとつ、小道具を使って論争を有利に持ち込みたい。

棒の先に、該当芸能人の顔写真をくっつけ、いざやって来た本人の真横に並べてみるのだ。これなら似てるかどうかは一目瞭然。嘘つき女どもはグウの音も出ないだろう。

1人目　磯山さやか

本番2万の約束で現れたのは、おかめ納豆のキャラクターみたいなぽっちゃりさんだった。本当にぽっちゃり体型ってだけじゃないか！


スリーサイズはB87(Dカップ)、W58、H90です♪

メイクや美容には気をつかってるのでルックスは問題ないと思います★

外見は…どちらかというと可愛い系かな？友達に『雰囲気が磯山さやかっぽい』って言われたことがありますよ♪


雰囲気が、とはどういう意味か？

ぽっちゃり体型ってだけじゃないだろうな

●ヒロミさんですか？
○こんにちは。
●えーと、どうしようかな？
○あ、サイトとか初めてです？
●いや違くて。
○うんうん。
●磯山さやかっぽいって書いてあったから…。
○止めときます？
●ちょっと待って。うーん。磯山さやかって、ぼくの知ってる磯山さやかで合ってるのかな。ほんとに友達に言われたことあるの？
○はい。
●その友達って、太ってる子はみんな磯山さやかっぽいって言ってる可能性はない？
○ほんとにどうします？　あのね、こういうので大切なのはフィーリングなの。この人はオーケー、ダメみたいなのってパッとわかるでしょ？
●いや、そういう話じゃなくて、ご自身でも磯山さや

体型は似てるぞ

かっぽいって思ってるの？　そう遠くはないと思うから書いたんだよね？
○言われますからね。
●もちろん確認のために。
○何でそんなの持ってんの？
〈小道具の写真スティックを取り出す〉
●……。
○……。
〈本人の横に並べる〉
●うーん、どうかなあ。輪郭は2人とも丸いけど。
○……。
●でも、そこしか似てないんだよなぁ。
○もっと化粧濃いほうが良かった？
●いや、化粧の問題じゃないと思うんだけど。
○本当にどうします？
●やめとくのはやめとくけど、あの、これから磯山さやかって書くのはやめてもらえますか？
○……。（無言で立ち去る）

丸顔ってだけじゃないのか？
※イラストはそっくりに描いています。以下同

あまりめげた様子はなかった。この調子では、これからも磯山さやかっぽいつもりでエンコーを続けそうだ。

2人目　ほしのあき

『ホ別2』の約束で待ち合わせ場所に向かうと、どこからともなく女が現れ、逃がすまいという感じで駆け寄ってきた。

これをほしのあきと呼べるなら、世の女性の大半がほしのあきだ。

○こんばんは。寒いから早く行こうよ。
●あの、確かほしのあき似って…。
○うん、言われる。
●ちなみに誰とかに？
○男の人とか。
●一人だけってことじゃなくて？
○けっこう言われるよ。
●けっこうなんだ。じゃあ、ぼくの感覚がおかしいのかな。
○ん？

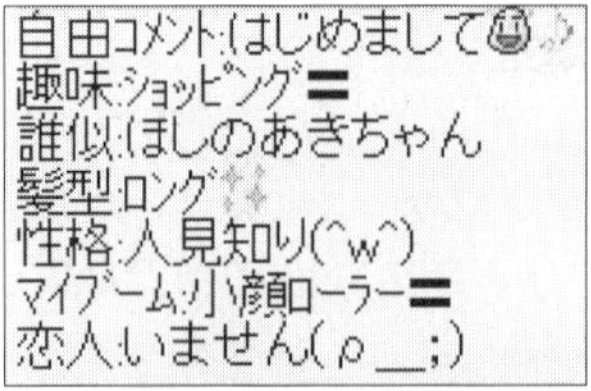

全盛期はとっくに過ぎたが、ほしのあきに似ていれば、ぜひとも抱きたいもんだ

スタイルは悪くない

●ほしのあきって、あのほしのあきだよね？
○……。
●あのさ。手間かけるんだけど、確認してみていい？
〈写真スティックを取り出す〉
○恐い恐い恐い。
●ちょっと比べさせて。
○ほんとウケんだけど。
●うーん、どうだろう。似てるかな？　ぼくの目が悪いのかな。どう思う？
○……。
●もう一回聞くけど、けっこう言われるんだよね？
○前は言われてた。
●あっ、そうなんだ。昔の話なんだ。
○今は髪長いからアレだけど、前は短かったから。
●なるほど。そういうことね。
○もう、その写真いいかな？
●でもさ、髪型でそんなに見た目って変わるもんなの？
○それは変わるでしょ。

うーん…

●でも、鼻の形とかぜんぜん違うし…。
○もうそれしまってよ！
●えっ、でも、しまったら確認できないし。
○しまって。（立ち去る）

おそらく過去のエンコー相手が、ヨイショするときに使ったフレーズなんだろう。思いっきり強いて言えば、ほしのあき系の顔だと。こりゃ、その男たちが悪いな。

3人目　宮﨑あおい

『ホ別3』という自信満々の条件を呑んで駅前で待っていると、チャリンコの女のコが近づいてきた。何だかとっても爽やかな雰囲気で。

え？　マジか？　これはそこそこ似てるぞ！

○お待たせしました。
●ほんとに宮﨑あおいっぽいね。

今から会える人いませんか(●´人`●)°+。
20歳宮﨑あおい似の細身で、
ナースしてます。

清楚系の代名詞、宮﨑あおいに似た子がエンコー？
まさか。単なる前髪パッツンのブスがやってくるに違いない。

自転車で颯爽と現れた

○あははっ。
●やっぱ似てるって言われる?
○いろいろ言われるんですよ。もうちょっと痩せてたころは、まゆゆとか国仲涼子とかも。
●たしかに、もうちょい痩せたら、宮崎あおいにもさらに似てるかも。
○まあそうかも。
●うんうん。もうちょっとほっぺたがスッキリしたほうが…。
○あっ、もしダメだったらいいですよ。
●いや待って待って。一応、写真できっちり見比べてみようよ。
〈写真スティックを出す〉
○えっ、何それ。
●確認のために持ってきたの。
○マジで?
●ほら、こっち向いて。
○はい。

認めざるを得ない

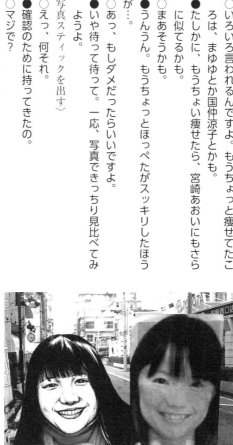

●ほほー。似てるわ。
○ありがとうございます。
●いやー、弱ったな。どうせ似てないと思ってたから3万も持ってきてないんだよね。
○え、やめときます？
●うん、ごめん。

まさかの展開だった。金額設定が強気の子の場合は、こういうこともあるのかも。

自分でも再確認するあおいちゃん。買うべきだったか

4人目　吉高由里子

『ホ別2』の条件で待ち合わせ場所に向かう途中で、妙なメールが届いた。

〈申し訳ないんだけど、××っていうラブホまで来てもらえませんか？　お金が無くて部屋を出られなくて…。お願いできませんか?〉

ラブホから出られない？　香ばしい臭いがぷんぷんする。

当のラブホのロビーには、一重で血色が悪く頬も痩けたオバケみたいな女が待っていた。友達らしきブスも一緒だ。何だこれ。

●…何で2人でいるの？
○あっ、すみません。こっちは友達で、一緒にここに泊まってるんですけど、一緒にお願いするほうがいいかと思って。
●はぁ…。
○お金なくて部屋を出れなくて。申し訳ないんですけど、お金貸してくれませんかぁ？
●えっ？
○必ず返すんで。
●…ちょっと待って。えーと、ぼくはワリキリという話で呼ばれたと思ってたんだけど。
○もちろんもちろん。ただ、お金が無いんで部屋を出れなくて。
●あっ、そっか。わかった。ぼくがお金を貸せばホテルを出れるんで、それからワリキリってことかな？
○そうですそうです。
●そうなんだ…。でも、そういうことなら最初に言ってほしかったな。

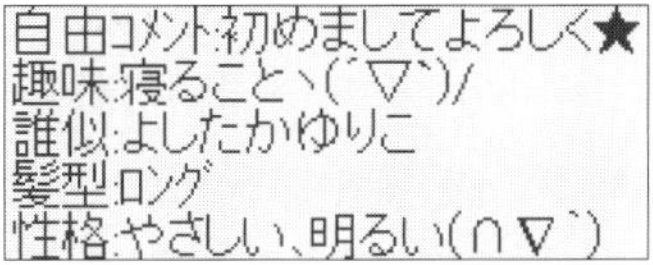

あっさり顔美人を期待するところだが、さてどうか。あっさりし過ぎってオチが待っている気がする

ケバいのが出てきたぞ（向かって右が本人）

○すみません。
●あと、さっきからもう一つ気になることがあるんだけど。
○はい?
●吉高由里子似って書いてあったよね?
○あ、はい。よく言われるんで。
●そうなんだ。うーん。言われるのか。
○…化粧すればけっこう言われるんですよ。
●そうなんだ。
○今はほら、部屋から慌てて出てきたから。
●でも、ちょっと何か…。比べてみていいかな?
〈写真スティックを出す〉
○えっ、何?
●じっとしてて。
○……。
●もう一度聞くけど、化粧したら吉高みたいな感じなの。
○あ、はい。みんなから言われるんで。
●例えば誰に?
○学校のコとか地元のコとか。

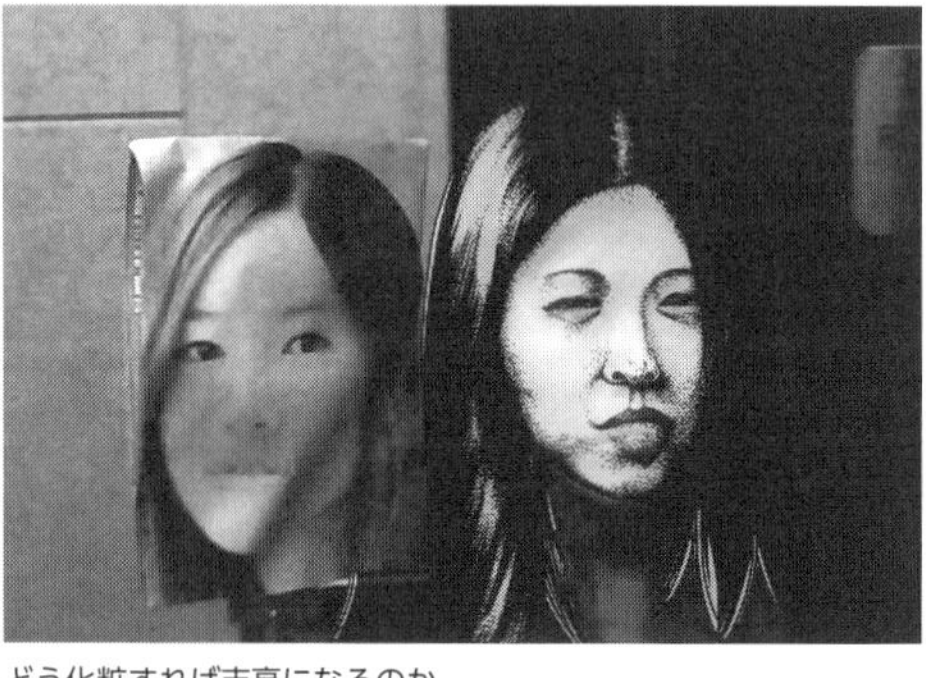

どう化粧すれば吉高になるのか

●ふーん。
○……。
●じゃあ、今から化粧してきてっていったらお願いできる？
○まあ…。でも納得してもらえる保証は持てない。
●自信がない？
○いや、似てると思うか思わないかは、人それぞれの捉え方だから。
●でもこうやって写真と見比べれば、客観的に判断できると思うけど。
○まあ、ダメなら別にいいんで。
●じゃあ、化粧してきてみてよ。
○もういいんで。
●してきてほしいな。
○すみません、もういいです。
●化粧の顔を見せてもらえないなら、今のキミの顔で結論だしていい？
○はい。
●じゃあ言うね。プロフに吉高由里子似なんて書かないで。似てないから！
○すみません。

最後はばっちり謝らせたから、良しとしよう。にしてもあの2人、どういう生活してんだ？

三章
怪しいサービス・金儲けの裏側を暴く

手術は、鼻の穴から棒状の器具を突っ込み
奥の粘膜を焼くことによって花粉をシャットアウトする

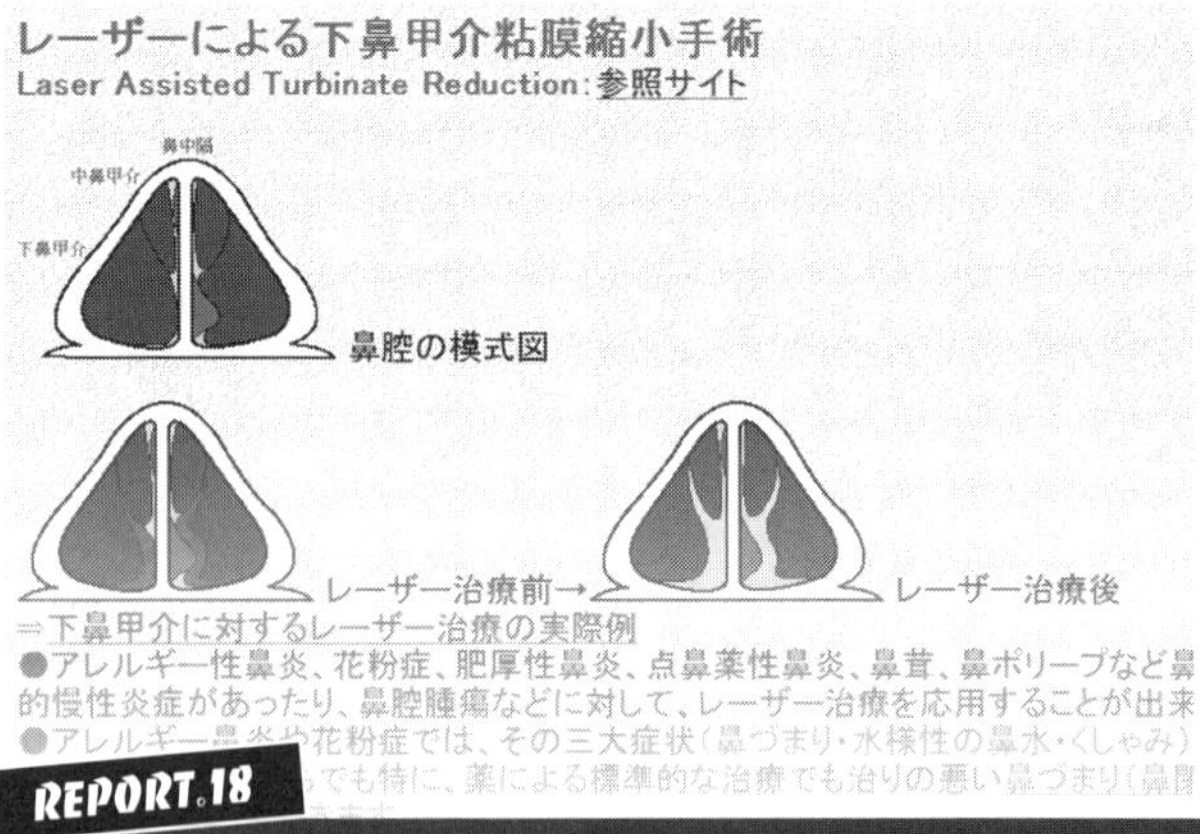

レーザーによる下鼻甲介粘膜縮小手術
Laser Assisted Turbinate Reduction:参照サイト
鼻中隔
中鼻甲介
下鼻甲介
鼻腔の模式図
レーザー治療前→
レーザー治療後
⇒下鼻甲介に対するレーザー治療の実際例
●アレルギー性鼻炎、花粉症、肥厚性鼻炎、点鼻薬性鼻炎、鼻茸、鼻ポリープなど鼻
的慢性炎症があったり、鼻腔腫瘍などに対して、レーザー治療を応用することが出来
●アレルギー
花粉症では、その三大症状（鼻づまり・水様性の鼻水・くしゃみ）
でも特に、薬による標準的な治療でも治りの悪い鼻づまり（鼻閉

REPORT.18

花粉レーザー手術で鼻グズグズをぶっ飛ばせ！

リポート／岡崎雅史（編集プロダクション代表）

マスクや目薬ではもう対処しきれない

毎年、春になるとやってくる憎いヤツ、スギ花粉。俺はもう10年以上も花粉症に悩まされている。症状は大別して目と鼻の2つ。まず目の方はとにかくかゆくてかゆくてたまらない。少しでも目の周りをこすろうものなら、そのかゆさが数倍にも増してしまう。眼球を取り出して洗えたらどんなに楽かと思うほどだ。

そして鼻。2つの穴の奥から際限なく鼻水が湧き出し、鼻づまりとくしゃみからも逃れられない。花粉の飛散量が多い日は外にも出れず、家で両方の鼻の穴にティッシュを詰めっぱなしというみっともない姿をさらし、夜は呼吸できずに眠れない有様だ。

マスクや目薬、点鼻薬なんかではもう対処しきれない。抜本的な対策を打たなければ。

そこで今年、俺は意を決してレーザー手術を受けることにした。鼻の奥にレーザーを照射し、粘膜を変形させることで、花粉をブロックするというものだ。

ただ成功率は70〜80％ほどと、手術にしては失敗例が多く、また仮に成功しても完全に治る人から、わずかしか変わらない人まで効果はマチマチ。さらに一度の治療で2シーズン程度しか効果が持続しないらしい。

まるで賭けのようなものだが、ワンシーズンでも憂鬱な春から解放されるならこんなにうれしいことはない。ここは一発手術しておくべきだろう。

かくして俺は、1月の最終週に手術の予約を入れた。効果が現れるまで半月ほどタイムラグがあり、かつ花粉症シーズンに突入してからでは手遅れなのだが、これなら十分間に合う。気になる料金は6千円だ（保険適用）。

ピピピピピ。めっちゃ痛くなってきた！

手術当日、まずは問診から。女医が鼻の穴に金属を突っ込み、ライトで奥を照らす。

「鼻中隔が左に大きく曲がってますね～」

鼻の穴の奥の隔壁が左に大きく湾曲していると心配なことを言うが、とりあえず手術には影響ないらしい。

「では始めましょうか」

といっても手術台に寝かされるのではなく、別のイスに移動しただけ。こんなんでいいのか？

看護師が箱のティッシュを手渡してきた。鼻から注入する麻酔液がノドに回ったら、すべてティッシュに吐き出せと言う。

「いきますね～」

先端の細くなったプラスチックチューブが鼻に入っ

不安と期待を胸に病院へ

てきた。麻酔が流し込まれる。

鼻の奥がありえないくらいツーンと痛み、目も涙でグチャグチャだ。茶碗一杯にワサビのみを入れてかきこんだ感じか。

ノドの奥に麻酔が落ちてきてとにかく苦い。ペッペッとティッシュに吐き出すも、やはり全部は無理なようで、次第にノドの感覚がなくなり、唾を飲み込むのも困難になってきた。気持ち悪ぅ〜。

麻酔が終わると、いきなり歯医者の治療器具のような30センチくらいの棒を右の鼻に突っ込まれた。先端からレーザーが照射されるらしい。

「10秒を6回あてま〜す」

ピピピピピという電子音が鳴った。レーザーが出てるんだろうか。少しだけチクッとするけど痛くない。全然平気だ。

ピピピピピ、ピピピピピ。へっちゃらへっちゃら、こんなラクでいいのかいな。

ピピピピピ。4回目で、めっちゃ痛くなってきた。なに、これ。

ピピピピピ。痛いって！　それに、くしゃみが…。

ピピピピ。痛ててて。

「先生、くしゃみが！」

「あと少し、我慢してください！」

「ハックション‼」

顔面に唾を飛ばされ少しムッとした女医さんは、黒い棒を今度は左の穴へ突っ込んだ。

うわー、まだ片方残ってんのか。弱ったなぁ。

左穴は2回目の照射あたりで痛みが限界に達した。

「先生、痛いです！」

「ちょっと角度を変えていろんなところに当ててますからね」

「いや、痛いんです！」

あまりに大人げない態度にあきれたのか先生は麻酔を追加してくれ、残り4回は痛みなく済んだ。これから手術を受ける方、絶対ゴネたほうがいいです。

診察室に入ってから10分も経たぬうちに手術は終わった。3週間後に経過を見て、すべて完了だそうだ。

12日間は花粉症以上の苦しみ

手術そのものは10分でも、病院を出てからが大変だった。麻酔のせいか、頭がぼーっとして、ロレツが回らない。鼻水はダラダラと垂れてくるし、口の中も気持ち悪い。オレンジジュースを飲んでもまったく味がしない。まるで虫歯を抜いた後みたいだ。

2時間ほどで麻酔は完全に切れて、味覚も戻った。鼻の奥に痛みもない。ただ、鼻水は相変わらずダラダラと出続けている。数日間はこの状態が続くそうだが、どうなるものやら。

夜は鼻がつまって眠れなかった。特に左の鼻はまったく通らない。花粉症MAXのときでもこれほど酷くはならないから最低の状態と言ってもいい。仰向けだと鼻呼吸ができないので、朝までう

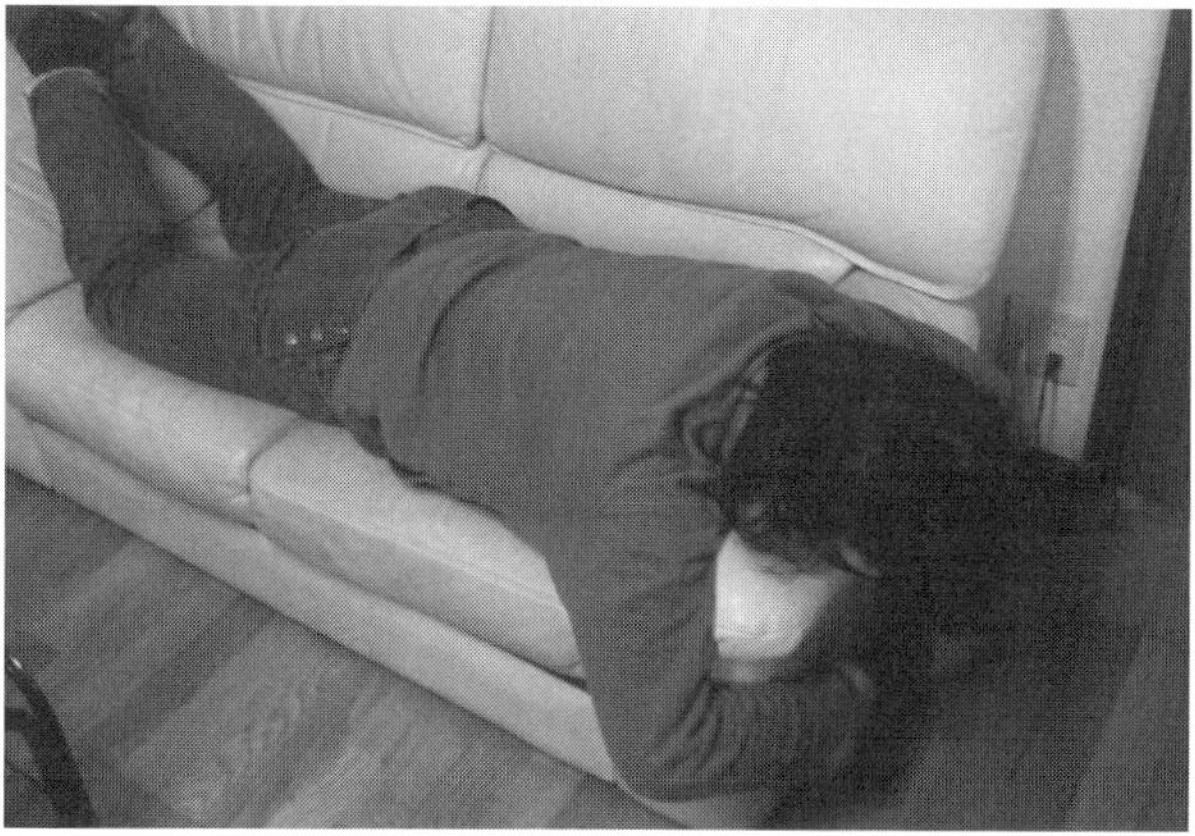

手術当日は、あまりに鼻水が垂れるのでうつぶせにならないと眠れず

つ伏せで過ごすしかなかった。

翌日、鼻水はまだ止まらない。ティッシュを丸めて鼻にねじ込むと、じんわりと血がついている。何だ、これ。

2日後、まだ鼻水は止まらない。しかも血のかたまりが混じるようになった。かさぶただとすれば、少し良くなった証なのだが。

結局、手術前の状態（鼻水が出ない）に戻るまでに12日もかかった。この間は、花粉症以上の苦しみだったかもしれない。

3週間後の再検査で鼻をチェックしたところ、問題はないとのこと。これにて準備完了だ。さあ来い、花粉！

去年に比べれば、ツラさは半分程度

2月10日。ついに今年もスギ花粉の飛散時期に突入した。天気予報の最後に花粉情報がおまけでついてくる、あの忌まわしい季節がやってきたのだ。

恐る恐る外に出てみる。例年ならマスクを付けていても「あ、今、花粉がいる」みたいに感じるところだが、今年はノーマスクでも、くしゃみや鼻水は出ない。効いてる、効いてるぞ！　目は多少かゆいが、鼻がこれだけラクなら全然いい。

それから2日、3日、4日と快適な日が過ぎ、5日目。晴天のため花粉の飛散が多いと予想されたその日、鼻に変化が訪れた。グズグズと鼻水が出て、くしゃみも出始めたのだ。

もっとも、去年の自分に比べれば、ツラさは半分程度。耳鼻科なんぞに行かなくても耐えられるレベルだ。

3月13日現在、俺の鼻はどうにかこうにか持ちこたえている。鼻水やくしゃみは出ても、去年とは段違いにラクチンだし、なにより夜にすっきり眠れるのがうれしい。

残る苦悩は目のかゆみだけ。次は、目ン玉を洗

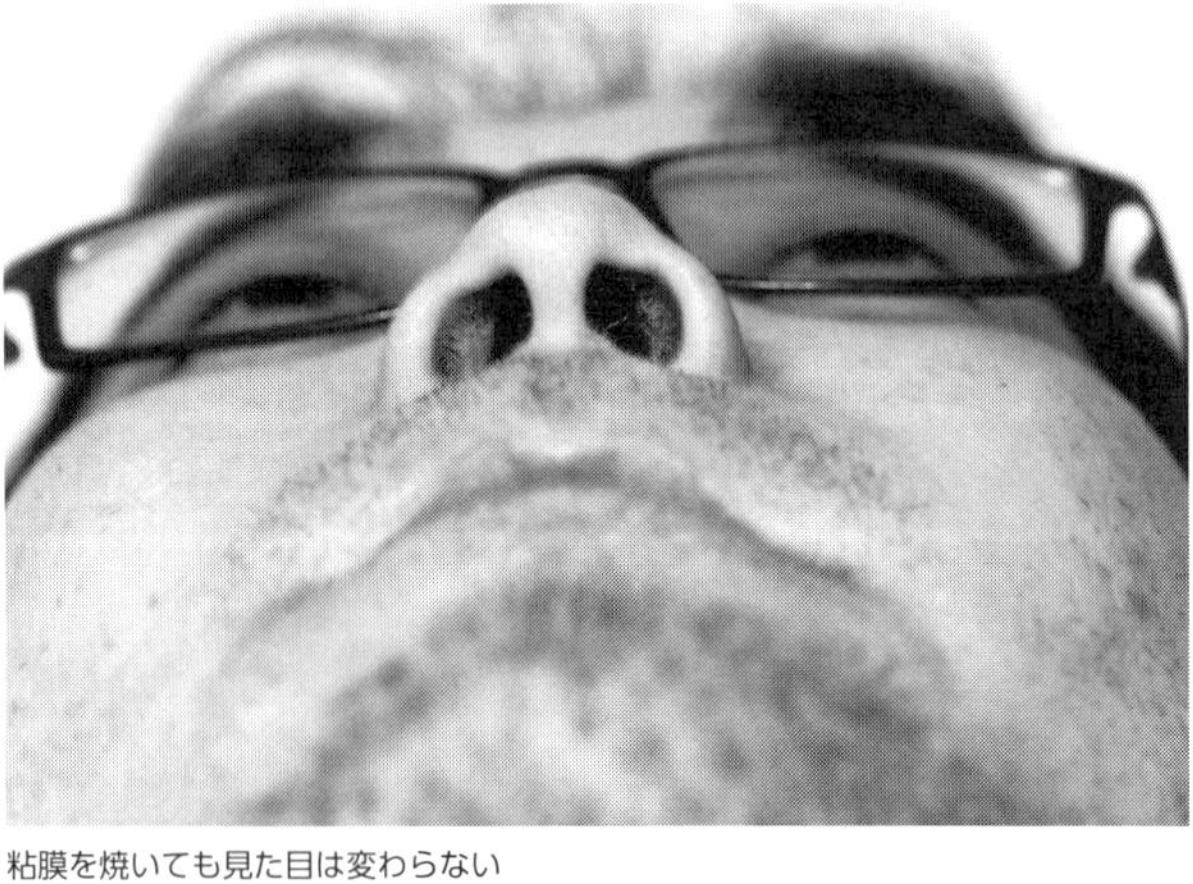

粘膜を焼いても見た目は変わらない

浄する手術を受けたいもんだが、そんなのないか？

結果としては、根治とはいかないまでも、受ける価値はアリだと思う。ただ4月半ばあたりの花粉マックス時期にどうなるかはまだわからないので不安だ。耐えきってくれ、俺の鼻よ！

REPORT 19

開運ブレスレット広告のパチスロ月収200万男
貧乏のなりで発見!

リポート／建部 博（編集部）

発端は裏モノ読者からの電話だった。

『僕のマンションに、金運ブレスレットの広告に出てる男が住んでるんですけど』

思わず笑ってしまった。週刊誌やエロ本でよく見る、これを買ったらめっちゃ金持ちになりましたってやつか。

『てことは、その人はすごい金持ちなんですかね?』

『いやー、どうでしょ。たぶん普通だと思うんですけど…』

そりゃそうだ。開運グッズなんぞに効果などあるはずがない。まあでも、信じる人がいるからこそ、あの手の広告もなくならないわけで。

ここはいっちょ、その隣人クンの生活を調査して、アレ系広告の嘘をあらためて実証してみるとしよう。

こんなブレス(レット)、売っちゃマズイっすよ(笑)

日曜日、東京・杉並区のマンションに向かった。駅から徒歩15分。高級とはいえないごくごく普通のマンションだ。

ひとまず情報提供者・Aさんのお部屋に伺う。

「これがその広告です」

見せてくれたのは某エロ本内の広告で、商品は金色に輝く開運ブレスレットだ。『全米を熱狂させたあのマグナストーンが遂に日本上陸』とある。

先月は160万、今月は200万
パチスロだけで稼いでます！
山本裕貴さん（23歳/無職/北海道）
使用モデル
ヴェクサス×2個

マグナストーン、マジでヤバ過ぎッスよ！ 俺はコレ、よく行くクラブで外人に教えてもらった。アメリカで持ってるヤツのリストも見せてもらったけど、すごいッスよね？ 政治家とかデカい会社の社長とか、アーティスト系とか、超有名人ばっか。それが日本で一般販売するっていうんで、外人達がかなり騒いでたんですよ。向こうじゃ全然買えないとか言って。で、コレは俺も乗るしかねぇと思って注文したんだけど、ぶっちゃけここまでヤバいとは思ってなかった！ パチスロだけで、月200万ッスよ？ しかも週3日だけ。あとはひたすら遊んでる（笑）。一緒に買った仲間の外人なんてもっとスゴい。裏のバクチで荒稼ぎして、キャデラックでコンビニ行ってるから（笑）。こんなブレス、売っちゃマズいッスよ（笑）。

株で20億儲けたおっさん、生徒の彼女を寝取った塾講師、ベンチャーで成功し元モデルの嫁さんをもらった経営者など、購入者の声がこれでもかとばかりに載っている。

マンションの住人クンはその中の1人だ。ニヤケ面で札束を持っている山本クンだ（右ページ写真）。

『先月は160万、今月は200万パチスロだけで稼いでます』

ひとつ1万ちょいのブレスレットを身につけるだけでそんなことになったらしい。週3日パチスロで稼ぎ、あとは遊んでるそうだ。『こんなブレス(レット)、売っちゃやマズイっすよ（笑）』と喜びの言葉は締めくくられている。

素晴らしい。こんな家賃7万円のマンションなんて、さっさと引っ越せばいいのに。

あれ、よく見れば山本クンは北海道在住になってるぞ。おっかしいな。

「このマンションに住んでるんですね？」

「はい、挨拶する程度なんですけど、絶対この人だと思います」

山本の前に出されたのは、焼き豚めしの並。350円

さっそくマンションの外でAさんとサッカーをしながら、山本の出入りを待つことにした。

「あれです、いま出てきた」

彼の指差す方向にはニヤケ面の男が。あれか。なるほど、あの顔、確かに山本だ。徒歩でどこかに向かっている。

金はあっても昼は松屋

服装はお世辞にも金持ちには見えない。例のブレスレットは…長袖なので確認できない。

駅方面に歩くこと15分、山本は商店街の松屋に入った。月200万稼いでいても、松屋の味からは離れられないのだろうか。

後について入店してみた。

「お待たせしました、焼き豚めしの並でーす」

山本の前に出されたのは、焼き豚めしの並。350円。丼をかっこむ姿は貧乏人にしか見えない。

松屋を出た山本はふらふらとコンビニに入り、雑誌コーナーで立ち読みをはじめた。手に取ったのは麻雀漫画の雑誌だ。ブレスレットの効果で麻雀でも一儲けしてるのかも。

続いて山本は漫画喫茶の看板前で立ち止まった。料金を確認しているのか？　1時間390円、3時間パックで千円ジャストだ。

タバコに火をつけて看板とにらめっこを続けたが、結局マンキツには入らずに再び歩きはじめた。そろそろパチスロで本領発揮してくれるんじゃないかと期待しているのだが、さっきから何軒かの前を通っているくせに入る気配はない。代わりに入ったのは中古ゲーム屋だ。しかも買わずに、野球のソフトを数本ながめるだけで店を後に。

次は本屋だ。『プロ野球選手名鑑２０１３』を真剣なまなざしで立ち読みしている。さらにすぐ隣に置いてあった『ＮＰＢ公式２０１３選手名鑑』にも手を伸ばす。どんだけ選手のデータが気になるんだ。もしや野球賭博にも手を染めているのか。

そんなブレスレット、見たこともないし

山本が本屋を出たところで、Ａさんに声をかけてもらった。普段から挨拶はする仲なので、さして問題はない。

「こんにちは〜」

旨そうに食っていた

立ち読みが趣味のようだ

「ああ、こんちは」

山本はAさんに気づき、少し頭を下げた。

「あの、すみませんけど、こいつがちょっと聞きたいことがあるらしくって」

そこでオレの登場だ。

「あのぉ、この広告の山本さんですよね？」

山本はびっくりした顔になり、苦笑いで答えた。

「そうそう、オレなんすよ」

「やっぱりですか」

「よく見つけましたね、そんなの」

「ええ、雑誌の記者をやってるんで。できれば話、聞かせてもらえませんか？」

「いいけど、お金もらえるんですか？」

謝礼次第か。月に２００万稼いでるはずなのにセコいな。

喫茶店に入り、単刀直入に尋ねた。

「パチスロで儲けまくってるというお話ですが？」

口をだらしなく開け、山本は笑う。

「アハハ。こんなんウソに決まってるでしょ。だってオレそんなブレスレット、見たこともないし」

早々にウソを認めるとは、ずいぶん口の軽い男だ。広告に出るにあたって、秘密を守るうんぬんの契約はしていないようだ。

「じゃあ本当はパチスロの収支はトントンくらいですか」

「いや、そもそもパチンコってほとんどやったことないです」

「そうなんですか。ギャンブルはあまりやらないんですか?」

「うーん、麻雀くらいですかね。にしても、よくオレだってわかりましたね」

広告出演の経緯はこうだ。

以前から山本は会社員として働くかたわら、エキストラ事務所に登録していた。ドラマやCMで後ろの方にちょろっと映るようなバイトだ。

パチスロは半年に1回ぐらいしかやらないそうだ

そんなある日、事務所から電話があり、珍しい仕事の話を振られる。

『雑誌広告のお仕事ってできますか？　金運グッズの購入者役です』

まずは雑居ビルの一室にあるオフィスに呼ばれ、そこから担当者と一緒に近くのパチンコ屋の前へ。「じゃあここで撮るから」と、いきなり1万円紙幣を20枚ほど渡された。

「『キミはパチンコでこんなに儲けましたよって表情で頼むね』って言われて。それで撮ったのがこの写真っすよ」

「でもこれ、ブレスレットつけてますよね。さっきは見たこともないって…」

「ああ、これね。後から合成しておくって言われたんで。だから撮影したときはつけてないです」

なんだそりゃ。

その後、雑居ビルに戻った山本は、B系のキャップを被ってまたスナップ写真を撮影される。

「黒人さんと一緒に撮るためですね」

「いや、黒人はその場にいなかったです。それも合成」

意味もわからず、一人きりでラッパーっぽいポーズを決めてたのだとか。

こうして30分ほどで撮影は終わり、後日エキストラ会社から5千円の謝礼が振り込まれた。

「このパチスロで２００万とか、友人のキャデラックってのは…」

「なんにも知らないっすよ。見たときはびっくりしましたけど。アハハ」

何もかもデタラメである。モデル自身も、広告を作ってる人間も、まるで適当。ダマすならダマすで、徹底的に騙しきってやろうという気概などどこにもない。

しかしそれもある意味、当然かもしれない。この手の商売は『それでも騙されるようなバカ』しか相手にしていないのだから。

REPORT 20

UFOキャッチャー 握力調整のカラクリ解明！

リポート／仙頭正教（編集部）

ＵＦＯキャッチャー。といっても今回問題にするのは、ぬいぐるみなどの並んでるアレじゃない。透明ケースに丸いカプセル（中に引換券）がどっさり入っていて、そいつを吊り上げて、該当の高額景品と引き替えるタイプのものだ。景品はプレステやＷｉｉ、ＰＳＰなどが多いだろうか。ゲームセンターではなく、本屋やスーパー、レンタルビデオ店なんかに置いてあることが多い。

１回１００～３００円でプレステが狙えるのだから、つい何度もトライしてみたくなるが、あれ、ゲットしてる人を見たことがない（自分も含めて）。なんかカラクリがあるのでは？

ふぅ、ホントに取れるのかなコレ

平日昼。秋葉原へ。ゲームショップの店頭にお目当てのＵＦＯキャッチャーがあった。「カリーノ」という機種である。プレイ代金は１回１００円。景品はプレステやＷｉｉだ。

両替機で１００円玉をざっくり用意して、さっそくチャレンジ開始だ。さて、どのカプセルを狙おうかな。

操作ボタンを押し、鎖で吊られたクレーンを動かす。まずは横へ。どうだこんな感じか。次は奥へ。おっと、ちょっと行き過ぎたか。

位置が決まると、今度は上下運動だ。クレーンがゆらゆら下りていく。うわっ、めっちゃ位置がズレてるよ。空をつかむような形で、クレーンは元の位置に戻ってきた。

２回目。今度はけっこういい位置に行ったと思う。上下運動が始まった。どうだ？　くそっ、ビミョーにずれたか。カプセルを引っ掻いただけで、クレーンは元に戻ってきた。３回目４回目と同

取れない！

落ちる！

じような失敗が続く。

5回目。位置はカプセルの真上だ。よし、掴んだ！　ゆらゆら上がっていくぞ。そのまま戻ってこい！

と思ったら、上昇中にカプセルを放してしまいやがった。もっとガッツリつかまえとけよ。頑張れよ。

こちらの応援はなかなか届かなかった。クレーンはカプセルを掴みまではするが、上昇中にふらふら揺れ、とにかく落っことす落っことす。

また、やっとこさ上まで昇ったと思っても、元の位置に戻るまでがまた遠い。横方向への揺れにも弱いらしく、これまた落っことしてしまう。

そんなこんなで、気付けば30回分3千円が消えていた。ふぅ、ホントに取れるのかなコレ。

上手いヤツってのは週末に集まるのかな

他の客の様子を観察してみたが、みな、オレのような失敗を繰り返していた。

オタク風ニーちゃんは800円を使ったがダメ。1000円使った女のコ2人組もダメ。小学生っぽい少年は300円であきらめて去っていった。何だかなぁだ。

これ、物理的に取れないようになってるんじゃねーの？ショップの女性スタッフに文句言ってやろか。

「すみません。このUFOキャッチャーについて聞きたいんですけど？」

「はい。わかることでしたら」

わかることって？

「これ、業者が置かせてくれっていうんで置いてるんですよ」

ガキも苦戦

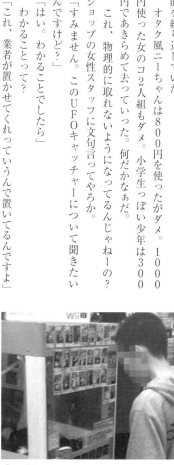

「その業者ってのはどういう会社なんですか?」

「すみません。私はバイトなんでよくわからないんですよね」

彼女は申し訳なさそうに苦笑いしている。

「ふーん…。これ、ホントに当たり出てます?」

「はい、たまに出てますよ。当たったお客さんの写真は、私が撮ってるんで」

彼女が手でカメラの形を作ってニコっと笑う。なるほど確かに、景品をゲットしたお客のポラロイド写真が貼ってある。

「PS3やったぜー」

「WiiUゲット」

「PSVITAゲット!」

写真には、それぞれに日付が書いてある。ざっと見た感じ、週1、2回の頻度で当たっているっぽい。

直近はいつだろ? えーと3日前、てことは日曜か。

あっ、土曜にも取った人がいる。全体的に当たりは土日に偏ってる気がする。上手いヤツってのは週末に集まるのかな。

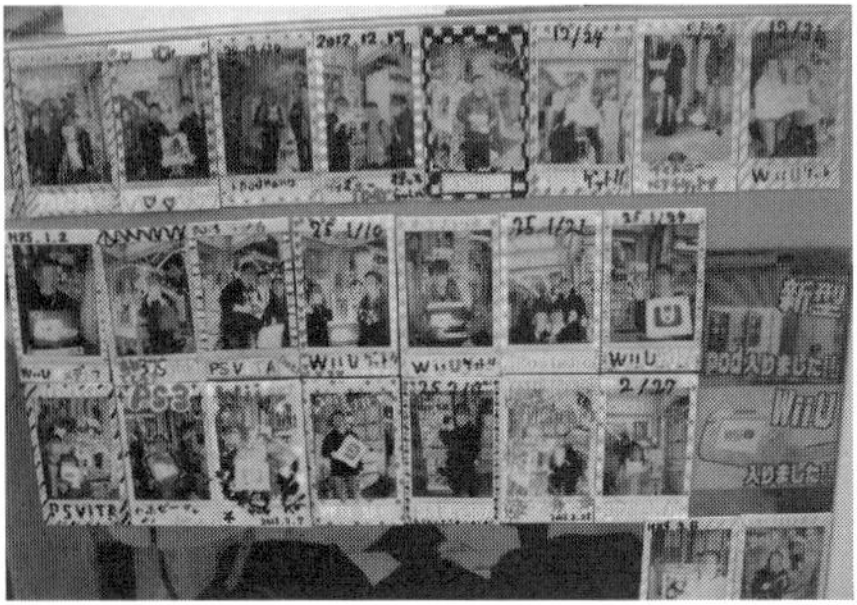
でも取っているヤツ、いるんだよなぁ…

1万回に1回しか当たらないなんてこともできますよ

何かが引っかかる。この何かを解決してくれるのは、ショップの彼女が言ってた〝業者〟しかない。

ここはひとつ、オレが自らの店舗にUFOキャッチャーを起きたがっている店長のフリをして、業者にあれこれ尋ねるのがいいだろう。

「UFOキャッチャー、業者」の検索で、UFOキャッチャー本体を販売&レンタルしている会社が見つかった。電話をかける。

「もしもし〜。私ですね、ウチの店でUFOキャッチャーのレンタルを考えてまして」

「そうですか。もしよければ一度、おいでいただければ、お見せすることもできますが」

しめしめ、あっさり信じてるぞ。

住所を聞いて向かった場所には倉庫が立っていた。応対に出てきたスタッフのおじさんはニコニコ笑顔だ。こちらの素性はバレてないっぽい。

倉庫内にUFOキャッチャーが所狭しと並んでいた。ざっと100台はあるか。

「どういう機種を希望されてますか?」

「えーと、カリーノってやつとか」

「あ、カリーノは、今ちょっと在庫が…でも、同タイプのやつならありますよ」

「どれですかね」

「こちらです」

見せられたのは、カリーノとそっくりの機種だ。

「仕組みはまったく一緒ですよ」

「仕組みというと?」

「あ、当選率なんかです。設定できるんで」

ほう。そんなもん設定できるのか。

「設定ってのはつまり、取れなくできるってことですか?」

「そうですね。このタイプの機種は、カプセルを掴んだ後の握力の設定ができるんです」

なにやら大事そうなことを軽々と口にする人だ。ま、レンタル主にすべて話すのは当然だけど。

「まず一つは、上にあがるときの握力。そしてもう一つは、元の位置に戻ってくるときの握力。この2つを調整できるんです」

「なるほど」

「ちゃんと設定しておけば自然な揺れで落ちたように見せかけられますよ」

ふーむ、まさにオレが3千円つっこんだときの落ち方だ。つーことは、あの日は握力ユルユル設定だった可能性もあるな。

「なるほどなぁ。じゃあウチも取れない設定にしよっかな」

あくまで店主のフリでつぶやくと、それを聞いてスタッフは苦笑いする。

「それだと怪しまれますから、50回に1回とか100回に1回だけちゃんと握るように設定すればいいんです。そういうこともできますから。1万回に1回しか当たらないなんてこともできますよ」

マシンを設置したい店主のフリで、レンタル業者へ

つい聞き流しそうになるが、これって結構な問題ではないだろうか。

つまり、高額景品で欲をあおってコインを投入させておきながら、プレイヤーの力量とは関係なく、景品を取れる人をマシン側がランダムに決定しているってことだ。

このシステム、みんな納得済みで遊んでいるんだろうか。そろそろ握力が強くなるころだから100円入れてみよっかな、みたいに。う～ん、そうは思えないんだけど。みんな実力で取ろうとしてるように見えるんだけど。

「あと、機種によっては金額をメドに設定もできます。ある金額まで入金されないと、ゼッタイに取れないというふうに。10万円まではどうやっても取れないとか」

これもどうなんだろう。店が赤字にならないためには必要な設定ではあるけど、たとえばパチンコ台で10万円突っ込まなければ当たりが出ない設定なんかが発覚したら大問題になるはずだ。パチンコとUFOキャッチャーは別物？　どちらも射幸心あおってるけど？

「そういう設定って一般的に日によって変えたりするんですか？」

「そうですね。集客がある日に甘くしますよね。例えば土、日とか。人目が多い時間帯に景品が出れば、アピールになりますから」

なるほどね、だから土日に偏ってたのね。

ちなみに、冒頭でぬいぐるみ系のUFOキャッチャーは関係ないと書いたが、スタッフのおじさんによれば、実はそれ系のマシンも同種の設定が可能だとのことだ。

必死こいて100円玉つっこんでる皆さん、こんなカラクリ知ってました？

ゼネラル

領収書

TEL:

2013/03/01(金)12:14

現金フリー　様

30-1131110-000007　1131 0000

売上　現金フリー　手

Mobil　スペシャル　¥3900

211510

3.00コ　@1300.0

交換料　¥525

660110

小計　¥4,425

(内消費税等　¥211)

合計　¥4,425

お預かり　¥4425　お釣　¥0

※上記にて領収書とさせて頂きます

No.2180　担当:

POS番号01

2013/03/01

まずはオイル交換を済ませて

ガソリンスタンドの「オイル汚れてますね」がどうにも嘘くさい

REPORT 21

リポート／仙頭正教（編集部）

ガソリンスタンドでは、お客のドライバーに対してスタッフがよくこんなことを言う。

「エンジンオイルも見ときましょうか？」

お願いすると、ボンネットを開けてチェックし、たいていこう勧めてくる。

「汚れてますね。交換したほうがいいかもしれません」

どうにも嘘くさい。オイルを売りつけたいだけじゃないのか。こっちが素人なのをいいことに適当にフカしてんじゃないのか。

全国で生じているであろう、このオイル問題。シロクロつけるのは簡単だ。あらかじめ別のスタンドでオイル交換しておけば、連中の嘘など一発で判明するんだし。

「どれぐらい汚れてます？」「まぁ、そこそこ」

友達から車を借り、まずオイル交換を済ませた。料金は4425円。後の証明のために領収書も忘れずにもらってある。

では出発しよう。さて、どこのスタンドにしよっかな。あったあった、あそこのエッソにしよう。

交換してから1キロほどしか走らぬうちに、エッソのスタンドに入った。女性スタッフに誘導されるまま、指定の位置に車を停める。

「オーライオーライ、はい、オッケー！ レギュラーですか？」

1キロも走らずに次のスタンドへ

「はい」

「現金で？」

「はい」

かなりハキハキしているが、騙されてはいけない。こういうのに限って腹黒かったりするからな。

給油の段取りをした彼女がこちらに戻ってきた

「灰皿は？」

「大丈夫です」

「よかったら、エンジンオイルも見ますけど？」

ほい来た。

「じゃあ、お願いしようかな」

「わかりました」

注油口に棒を突っ込み、タオルにぐいっとぬぐっている。先ほど交換したばかりとはいえ、タオルには薄茶色の汚れがついた。

「どうですかね？」

「汚れてますね」

おいおい、いきなりそう来ますか。ネエさん、遣り手じゃのう。

「どれくらい汚れてます？」

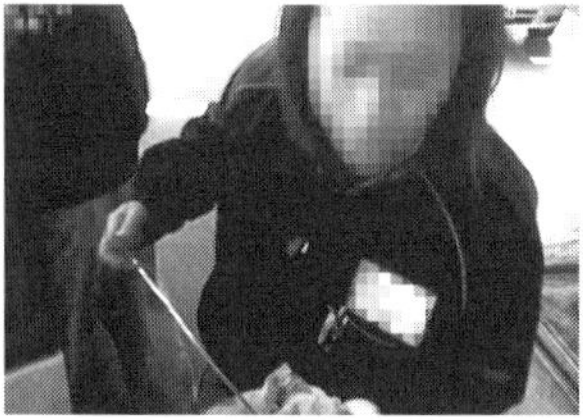

「交換したほうがいいですね」

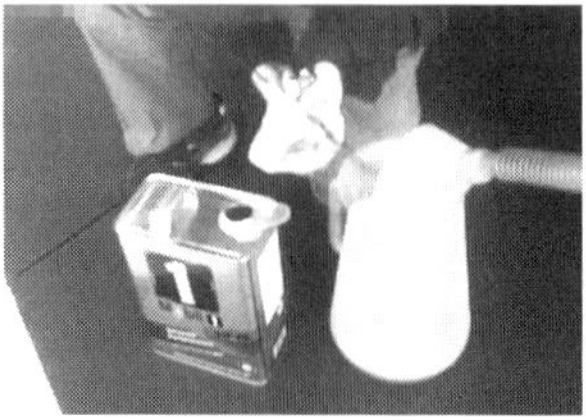

新品オイルと比較してくる。
一緒のわけないだろ！

「まあ、そこそこ」

そこそことは曖昧な言い方だ。

「どれくらい乗りました？」

ふーん、そんなことを聞いてくるんだ。オレも曖昧に答えておこう。

「まあまあ乗りましたけど」

なんせ、さっき交換したばかりなんで

「オイルの状態、問題ありますかね」

「汚れてますからね」

「どうしたらいいですか？」

「まあ、交換したほうがいいでしょうね」

言い切りやがったな！

「ちなみに、交換代金いくらでしたっけ？」

「5千円くらいですね」

「そうなんだ。交換したほうがいいんですかね？」

「汚れてますからね。あ、比べて見ます？」

彼女はいったん裏に引っ込むと、オイル缶を持って戻ってきた。口を開け、タオルにオイルを数滴垂らす。

このレシートを見てみろ

「これが新しいオイル」

黄色いシミだ。

「こちらがお客様の車のオイル」

得意げにタオルのシミを並べている彼女。ちゃんちゃらオカシイ。そんなもん、一回エンジンに入れたらちょっとは汚れるの当たり前じゃないの？　新品オイルと全く同じ状態で走ってる車なんてないと思うんだけど。でもそんなことはまだ言わない。

「ね、違いますよね。汚れてますよね」

彼女の口調が今までで一番ハキハキした。内心、勝ち誇ってんだろうな。

では、そろそろギャフンと言わせよう。さっきオイル交換したときのレシートをポケットから取り出す。

「さっき、このオイルは交換が必要と言われましたけど、どういう判断でそう言ったのか聞かせてほしいんですけど」

「それは汚れてるから」

「でもね。このエンジンオイルはキレイなはずだし、交換の必要ないんです。なんせ、さっき交換したばかりなんで」

レシートを突きつける。どうだ、グウの音も出ないだろ！

「新しいオイルと比べて汚れてましたよね？」

当然、慌てふためいて目をウルウルさせると思ったが、彼女の表情は特に変わらない。レシートを手にとって確認すると、こちらを真っ直ぐ見てきた。

「換えられたんなら、交換の必要はないですね」

はっ⁉

「じゃあ、さっき交換したほうがいいって言ったのはどういう判断だったんですか？」

「汚れてましたからね。新しいオイルと比べて汚れてましたよね？」

「そんなもん、一回エンジンに入れたモノと新品がまったく同じなわけないじゃないですか？　少しでも汚れたら交換すべきなんですか？」

隙のないツッコミに、彼女は話題を転換してきた。

「オイル交換のときに、フラッシングってしました？」

「何ですかそれ？」

「エンジンの中を洗う作業なんですけどね。フラッシングをしないまま新しいオイルを入れても汚れるんですよ」

「はー。つまり、それをしないまま入れたオイルはどうなるんですか？」

「汚れますよ」

「じゃあ、交換しなくちゃいけないと？」

「いや、でも、入れたばっかりなら交換しなくていいですよ」

おいおい、何だこれ。話をぐるぐる回転させてうやむやにしようってか。

「ちょっと待って。汚れの話うんぬんはもういいです。こちらが聞きたいのは、交換しなくていいモノを交換しろっていうのはどういう話なのかということです」

「私、お客様にどれくらい走ったかと聞きましたよね」

ん？　そこを突っ込んでくるのか？

「はい。まあまあと言いましたけど、それが何か？　もしかして、何千キロも走ったと思ったんですか？」

「いや、そんなふうには思いませんでしたけど、実際どのくらい走られたのか、私も気になったんですよ」

「曖昧な言い方をしたこちらが悪いということですか」

「いや、シールを確認しようと思ってたんですよ」

「シール？」

彼女が運転席のほうに歩いて行く。ドアの隅っこにはシールが張られている。

「これ、ガソリンスタンドがオイル交換するときに張る物なんですよ」

ガソリンスタンドの店舗名、交換日、走行距離が書かれている。

「このシールを確認しようと思ってまして」

「シールがどうかしましたか？　あなたはオイルを見て交換したほうがいいって言ったんですよ？」

「それは申し訳なかったですけど、シールの確認はしようと思ってたんで」

なにをワケのわからんことを言ってるんだ。シールはこの際、関係ないだろうに。

「もういいよ」

「はぁ、すみません」

彼女はいかにも不服そうな感じでちょこんと頭を下げた。ったく、頭にくる。くそっ。

ガソリンスタンドの運営会社をネットで調べて電話をかけた。対応に出たのは、お客様サポートの主任という肩書きを名乗った人物だ。

「本当に申し訳ございません。今回の件に関しまして、私どもスタッフの対応に不備があったことは間違いありません。該当の女性スタッフにはしっかり念を押すとともに、他のスタッフにも再教育いたします。申し訳ありませんでした」

そこまで言うなら、まあいいか。

「ここのシールを確認しようと思ってたんで…」
言い訳にになってないよ

REPORT 22

パチンコ攻略サギにとことん付き合う

リポート／平林和史（編集部）

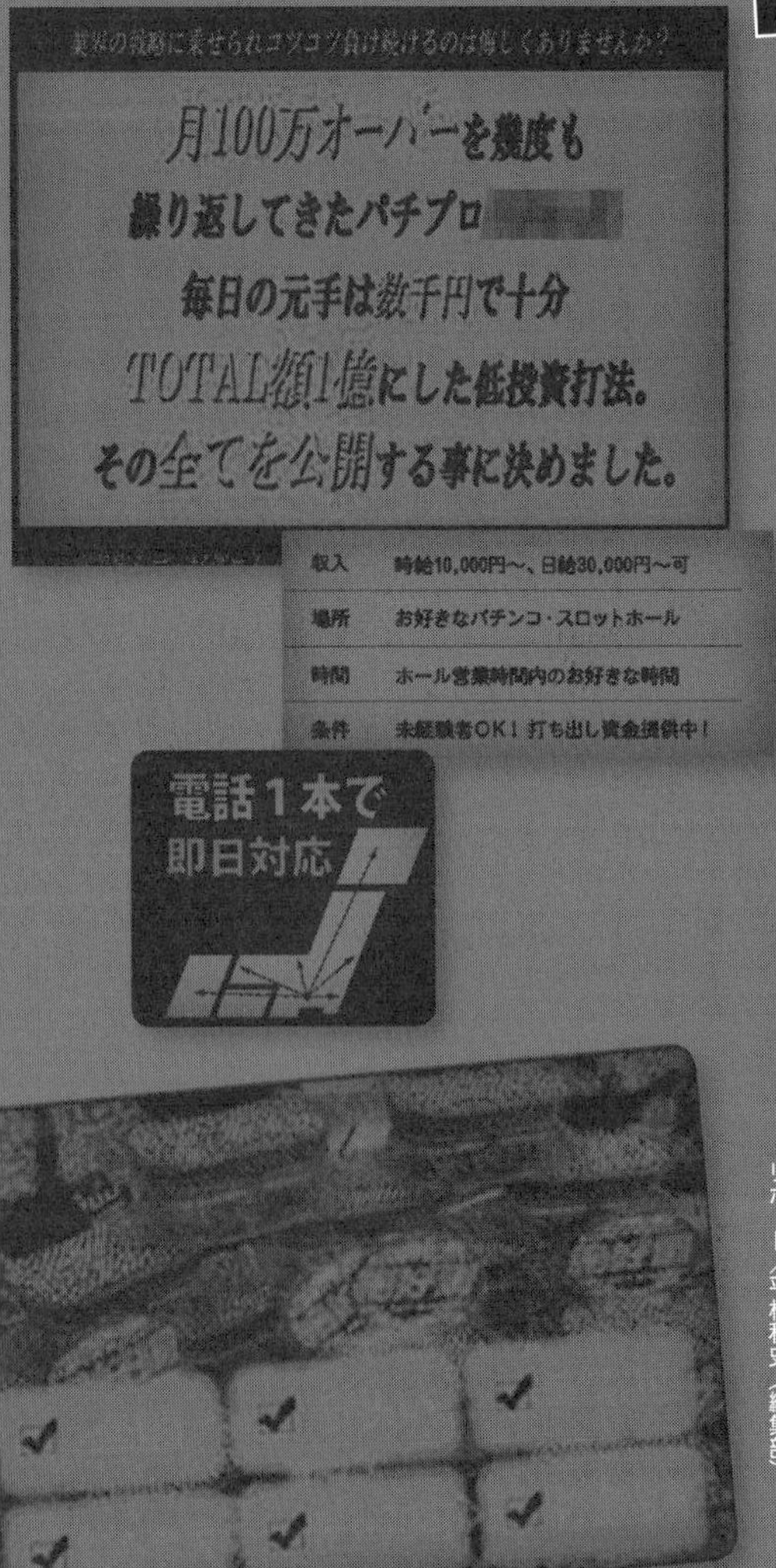
月100万オーバーを幾度も
繰り返してきたパチプロ
毎日の元手は数千円で十分
TOTAL額1億にした低投資打法。
その全てを公開する事に決めました。
収入　時給10,000円～、日給30,000円～可
場所　お好きなパチンコ・スロットホール
時間　ホール営業時間内のお好きな時間
条件　未経験者OK！打ち出し資金提供中！
電話1本で
即日対応

ネットではいまだにパチンコ必勝法の広告を見かける。

裏モノ読者からも「あれはホントに勝てんのか？」との問い合わせがたまにある。

断言しておくが、全部ウソだ。勝てるわけがない。

現在はびこっている「打ち子募集」と「ホルコン攻略」の悪徳業者から任意の2業者を選び、連中の詭弁を聞いてみよう。

全国のホールと結託してることになる

最初は「打ち子募集」から。広告に「パチンコ出玉イベントスタッフ」などと書かれているのがそれだ。

彼らの言い分はこうだ。

パチンコの出玉は店側がいかようにも決められる。どの台を出すか出さないかはホールの胸三寸。だからわざと特定の台を爆発させて他の客の射幸心をあおることも可能だし、実際そうしたい。

しかしその台を一般の客が打ってしまうと店は損をする。そこで「打ち子（サクラ）」を雇って座らせておく――。という理屈だ。

早速、HPに出ていた某業者に電話をかけ、打ち子をやりたいと伝えたところ、担当者の川村なる男性が仕事の説明を始めた。

まず、打つ地域はどこでもかまわない。希望の場所を伝えればホールを指定される。

現場に着いたら、業者に電話を入れ、どの台に座ればいいか教えてもらう。

軍資金は打ち子が全額負担し、出た玉の50％が報酬となる。つまり換金金額の半分を業者に振り込むわけだ。

「5千円もしないうちに、当たりがきますから、ご心配なさらなくても大丈夫ですよ」

「ホントですか？」

「ええ。優良台の情報が入ってるので、間違いありません」

川村の言うように、この打ち子システムは店側とグルになっていなければ成立しえない。すなわちこの業者は全国のホールと結託していることになる。まずありえない設定だ。

年会費の1万円を振り込み、身分証をファックスして登録完了。翌日から仕事をすることとなった。

台の状況としては調子が上がる予定

パチンコ屋の前から電話を入れると、川村から3台の台を指定された。どれかが空いていたら座っていいらしい。

まず2千円だけ使って、出なければ電話で報告する決まりだ。もちろん出た場合は、そのまま打ち続ける。

「ただし、回転数だけはきちんと見ておいてください」

「なぜですか？」

「台の状況としては上がっているんですが、クギによってハジかれてしまうことがあるので、どれくらい回るか確認したいんですね」

リアリティを出すための方便だろう。ま、打ってみますか。

幸い、指定の台が1台空いていた。では打ちましょう…アッという間に2千円が溶けた。回転数は…35回転か。

携帯から川村に報告の電話を入れる。

「出ませんでした。35回転です」

「悪くないですね」

「悪くない？」

「ええ。では、さらに3千円打ってください。出なければまた報告をお願いします」

出なければって、5千円使えば出るんじゃなかったのか。

店に戻り、またチャレンジ。3千円もあっさり消えた。

川村に報告の電話を入れる。ぜんぜん出ないんですけど。カスリもしないんですけど。

「リーチはどうですか？　アツイのはきましたか？」

「2、3回スーパーリーチが来ましたかね」

「台の状況としては調子が上がる予定なんです。7割がた当たるはずなんですが、残りの3割ということも

出ないし

ありますので」

なんかゴニョゴニョ言い出したぞ。7割だ3割だって聞いてないんだけど。

「つまり残りの3割だと？」

「前の人が結構ハマってたんでしょうね。そうしたことの影響じゃないかと」

「はぁ」

「この後のお時間はどうですか？　まだ打てますか？」

「ええまあ」

「でも、そうだな、時間も遅いですし、これ以上、軍資金を使わせてもアレなんで、今日のところは引き上げましょうか」

は～～？　それじゃ5千円の負けが確定じゃん。

「いえ、これに関しては、戻しの申請がかけられますんで」

「使った金を返してくれるってこと？」

「ええ。1万5千円までなら戻しがかけられるんです。ただこれ以上、使ってしまうと、私の裁量の範囲を超えてしまうので、明日にしましょう」

もっともらしいことを言うヤツだ。

固定給ならば〝確実に〟出る

翌日、同じ店に行き、再び川村に連絡を入れた。指定されたのはまた3台だ。

「ガンバってくださいね」

川村の声に見送られ、指定の台を2千円ぶん打つ。やっぱり出ない。回転数は34回転。

「全然、出ないんですけど、スーパーリーチもかからなかったんですけど」

「オカシイですね。回転数はどれくらいですか？」

「34回です」

「それなら問題ないですよ。今度は3千円だけ打って、また様子を見てください。出なければ連絡をくださいね」

昨日とまったく同じパターンじゃないか。追加で3千円ね。はいはい、打てばいいんでしょ。

リーチもかかんねえし

いくら使わせんだよ

…2日で都合1万円が溶けた。もう川村も言い訳できんだろう。

「もしもし、出ませんでした」

「そうですかあ。ちょっとお金を使い過ぎですねえ」

って、そっちの指示で打ってんだろが！　何で出ないのか、理由を説明しろって。

しかしその質問を無視した川村は、弱り果てたような声色で話題を変えてきた。

「もし良ければなんですが、固定給のお仕事になさいますか」

これまでのは出玉の半分をもらえる歩合給なので、実は「確実に」出る台は教えられなかった。

でも固定給（1日3万円）なら、絶対に出る台を教えてくれるのだと。

どうせ今日も出ないよな

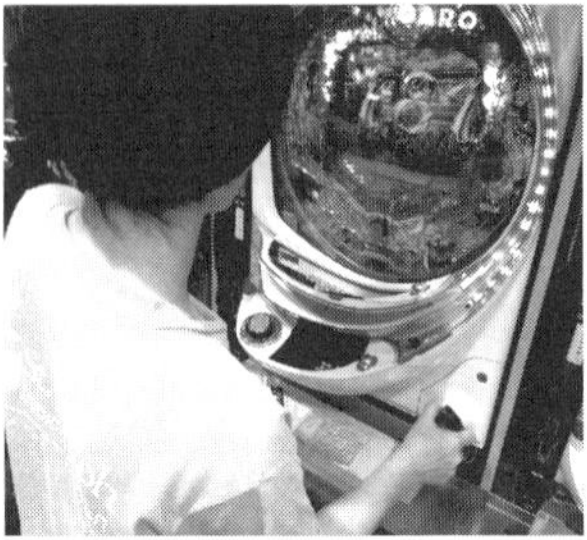

ロクに回りもしないし

なぜにそのような棲み分けがなされているのか、理由を考えたところで意味はない。「実はもっと確実な方法が…」と煽るための詭弁にすぎないのだから。

「…わかりましたよ。じゃあ、それにしてくださいよ」

「では、社内審査にかけますので、少々お待ち願えますか。決まり次第、こちらからご連絡いたしますので」

待つこと数日、川村が電話をかけてきた。候補は8人いたのだが、審査の結果、最終候補の3人に私が残ったという。

「ただ、情報元（パチンコ店のこと）が、打ち子からの情報漏洩を恐れてるですよ。見ず知らずの人間を雇うと、出る台を他人に漏らすかもしれないのでね」

「はあ」

「それで形式上、保証が欲しいということになりまして」

「保証、ですか」

「はい。具体的には、供託金として25万円を納めて欲しいといってるんですね」

とことん付き合おうにも、25万円は高すぎる。どうせ振り込んだところで梨のツブテになるのは目に見えてるし。もうやめよっ。

打ち子業者の手口はシンプルだ。まず安めの入会金を搾取し、指定台がもし出ればその半分を振り込ませる。出なくても食らいついてくるようなバカ客は、高額コースへ誘導する。一応はダマされやすい人間の心理を突いているとはいえるだろう。

蛇足だが、1万5千円の「戻しの申請」とやらは当然なかった。

小額でも取れるカネは取る

お次は、ここ数年でノシてきたホルコン（ホールコンピュータ）攻略である。

店はホールコンピュータで出玉を操作しているので、そいつの作動さえ把握すれば出る台がわかる、というのが業者の言い分だ。

某業者に連絡を入れると、鈴木なる男性担当者が登場し、早口でたたみかけてきた。

「ホルコンというのは大当たりに規則性があるんです」

「はぁ」

「この台が当たったら、次はこの台という順番が決められているんですね」

確かにパチンコを打っていると、後ろが当たった直後に隣が当たるなんて現象によく出会う。そういうことを言ってるのか。

「そうですそうです。あれもあらかじめ決まってるんです」

んなワケないけど、とりあえず鈴木の会社にあるコンピュータでは、どの台の次にどの台が当たるかわかるそうだ。

利用者はまず、専用の携帯サイトにアクセスして、自分の選んだシマ（同機種が並ぶエリア）内の大当たり中の台番号をメールする。と、次にどの台が当たるか、折り返しメールがくるという流れだ。

「で、おいくらなんですか?」

「年会費込みで20万円です」

「20万!」

「高いと思われるかもしれませんが、5千円もあれば大当たりがきますし。勝ちは積もっていくので、決してソンしませんから」

「それは高いですね。なんとかなりませんか」

「うーん」

「お願いします」

「じゃあ特別に3万で使わせてあげますよ」

なんだ、その大幅なディスカウント。小額でも取れるカネは取っておけってことか。

新しい単語が次から次に

約束の金を振りこみ、パチンコ店で大当たり中の台をチェックする。ここと、あそこと、あそこか。

台番号をメールで送り数分後、折り返しのメールが来た。

SSランク　135
Sランク　151
Aランク　153

アホらしいにもほどがある

SSランクを5分打って、出なければSランクに移動。ここでも5分打って出なければAランクに移動してさらに5分打てばいいらしい。

まずはSSの台へ。2千円で5分が経過。出ない。お次はSの台へ。また出ない。で、最後にAの台へ。やっぱり出ない。

「あのー、ぜんぜん、出なかったんですけど」

「オカシイですねえ。シマの台構成はいかがですか?」

「台構成?」

「ええ。一シマの一列は何台ありましたか」

「えっと、8台ですね」

「ちょっと少ないですね。13台~15台くらいの構成の方が当たりやすいんですよ」

なんだそりゃ。そんな話ぜんぜんしてなかったじゃんよ。

「言いましたよ。次はもっと台の多いシマに行ってください」

ならばと、人気機種の大当たり台をチェックし、また一からやり直す。

…出ません。また6千円やられましたけど。

「うーん。そうですか。じゃあ時間意識の問題ですかね」

また新しい言い訳が出てきた。なんだよそれ。

「打つ時間のことです。SSランクを打つときは、気持ち遅めの打ち出しがいいんですよ。メールが送られてきてから、すぐに座るのではなく、1分ほど時間を遅らせてから着席するんです」

どんな理屈だよ。

返金〝処理〟はいたします

毒を喰らわばなんとやら。次のシマでは、メールを受信してから1分だけ時間を遅らせて打ってみた。

出ないし。SランクとAランクも不発だし。もう1万8千円やられましたし。

怒り心頭で電話をかけると、鈴木は平然と言い放った。

「う～ん。もしかするとケツ番構成なのかもしれませんね」

またおかしな単語が出てきたよ。そういうのって最初からぜんぶ言うべきなんじゃないの？

以下、鈴木の説明。

どの店にもパチンコ台には501番や502番などの台番号がある。ケツ番とは末尾の0～9の数字を指す。

ホルコンの中には、このケツ番を重視して、大当たりを振り分けるタイプがあり、たとえば「新

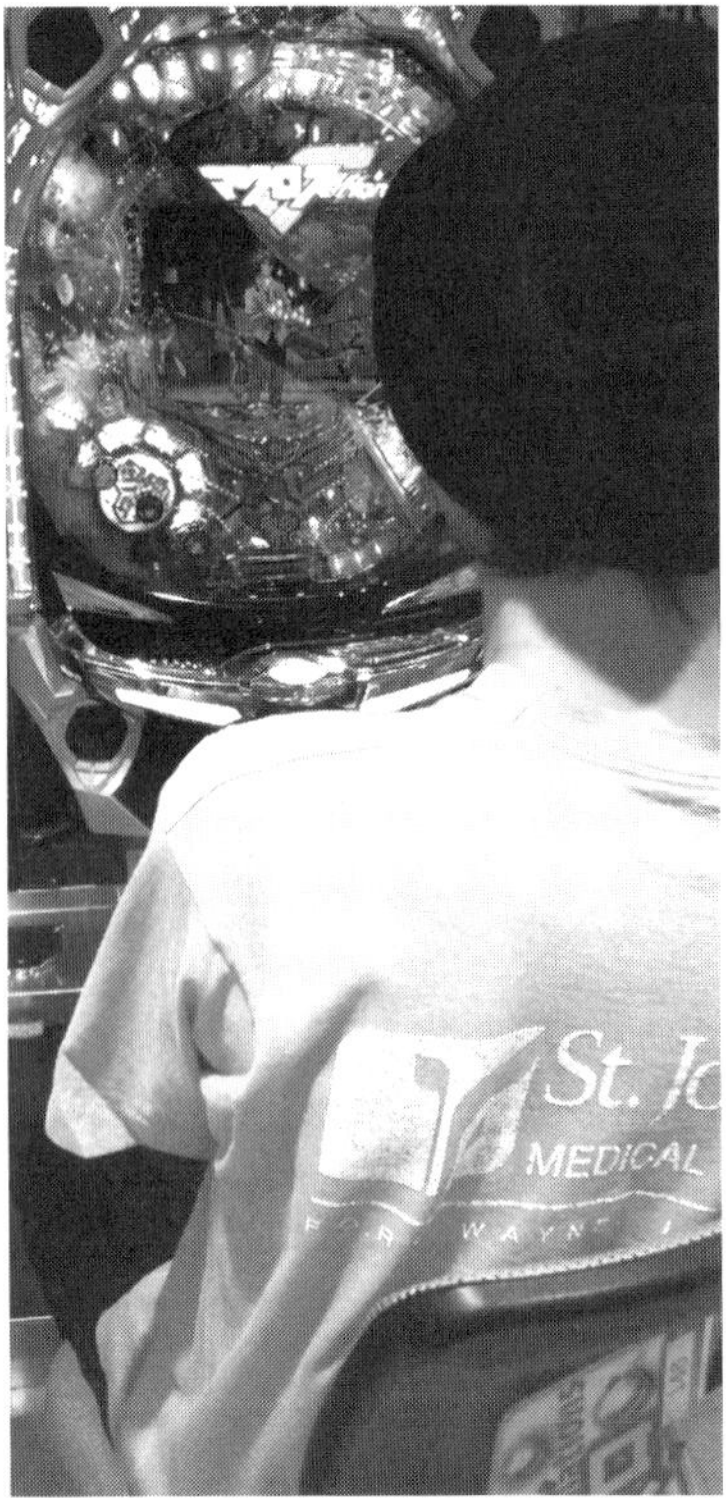

自力で引けなかった俺も俺だ…

海物語」のケツ番1が当たれば今度は「北斗の拳」の1番が当たるといった具合に──。

「本来ならシマ構成で当たりが出るんですが…非常にまれなケースとして、店によってはそうした場合があるんです」

「……」

「がんばりましょう。次のメールはケツ番構成の当たり予測を出しますんで」

付き合ってやるのもここまでだ。どうせ次もまた新たなキーワードで煙に巻くに決まってる。

「もう退会したいんですよ。あなた方も信用できないし。入会金を返していただけませんか？」

「それはムリです」

「最初と約束が違うんだから、お金を返すべきでしょ」

「まだ利用期間が1年間残ってますので。利用期間が終われば、返金処理はいたします」

「実際に返金していただけるんですよね？」

「ですから、返金処理の手続きはさせていただきます、としか申し上げられません」

処理はするけど返金はしないってか。笑わせやがる。

REPORT 23

競馬は倍々プッシュで必ず勝てる!?

リポート／平林和史（編集部）

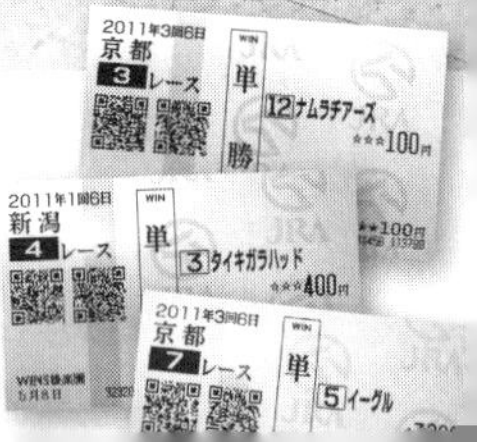

昔から知られるギャンブル必勝法の一つに、マーチンゲール法と呼ばれるものがある。

1 配当が2倍以上のところに賭ける（e×ルーレットやバカラなどの二択）。
2 負ければ、次の賭け金を倍にする。
3 どこかで当たった時点で、投資金は回収され、利益も出る。

これ、少し応用すれば、競馬にも使える。オッズ2倍以上の1番人気の単勝馬券だけを、機械的に買い続けるのだ。外せば倍、外せばさらに倍と、賭け金を増やしながら。

競馬は、赤か黒かの確率2分の1ギャンブルではなく、1番人気の馬が来る確率はおよそ30％。そう考えると、賭け金は3倍ずつ増やしていくのが正しい必勝法にも思えるが、オッズもきっちり2倍ではない（3倍4倍も普通にある）ので倍々プッシュでも十分通用するのである（2倍未満はスルー）。

なんだかこの必勝法、頭で考えるぶんには本物の必勝法っぽいんだけど、どこに落とし穴があるのか。ハズし続ければ賭け金が膨大になる？　いやいや、勝率30％のレース、ハズし続けるなんてありえないでしょ。

2011年5月8日日曜、JRAのウインズ後楽園にやってきた。本日は新潟、京都、東京の三場所で同時開催である。

今から参加できるレースは全部で30。まずは実験がてら100円からスタートしてみるか。

まずは下調べ

京都3R(2.7倍)　掛け金 100円

東京3R(4.3倍)　掛け金 200円

新潟4R(2.4倍)　掛け金 400円

700円投資して960円戻ってきたので、260円のプラスだ。

うん、そうだよな。来れば必ず勝つよな、この方法って。

勝負1
500円スタート

じゃ、本番行ってみっか。100円なんてしょぼい賭け方じゃなく、500円でスタートだ。

京都4R(3.7倍) 掛け金 500円

まあ、いきなりは当たらんわな。てか、ここで来られてもほとんど儲からないから逆に困るし。

東京4R(4.2倍) 掛け金 1000円

ほいほい。ハズれてくれて結構ですよ。俺、しけた銭はいらないので。次もハズしてくれていいくらいだし。

新潟5R(4.6倍) 掛け金 2000円

ホントにハズしてくれちゃったよ。えーっと。これまでのトータルは3500円の負けか。ま、確率的に次くらいで来そうだな。

東京5R（2.3倍）　掛け金 4000円

なんだかイヤな空気になってきた。ちょっと気分転換にメシでも喰っとくか。流れが変わるかもしれないし。

スタンドでラーメンを掻き込んで場内へと戻ると、締め切り2分前になっていた。ヤベッ！　もし買い損ねた馬券が当たったりしたらシャレにならん。

ダッシュで自動券売機に8千円を投入し、どうにか購入成功。ふぅ。

新潟6R（2.7倍）　掛け金 8000円

あんなに慌てたのにハズすなんて。買いそびれれば良かったよ。

次は1万6千円か。なかなかの額だけど、ここで終わったら必勝どころか必敗だ。

新潟7R（2.9倍）　掛け金 16000円

怖くなってきた。一番人気が5連敗なんてあり得るのかよ。いや、あるからこうなってるんだけどさ。気を落ち着かせるため、便所に入り、冷たい水でじゃぶじゃぶと顔を洗う。大丈夫。次こそは来る。絶対に来る。

オレは3万2千円を自動券売機に突っ込んだ。

またハズしやがった

京都7R（4.7倍） 掛け金 32000円

フザけてんのかコラ！　思わずモニターに向かって絶叫した。どういうことだ、こいつは。

ちょっと待てよ、計算してみよう。

この7レースで突っ込んだのは全部合わせて…6万3千500円！

なんてこった。次は6万4千円である。今さら降りるわけにもいかんし、嗚呼。

今さらやめられないし…

下ろすしかないな

新潟8R（3.4倍） 掛け金 64000円

ついにシャレにならないことになってきた。軍資金が尽きてしまったじゃないか。

俺はコンビニのＡＴＭに走った。おかしい、最初は５００円だったのに、なんでここまで膨れあがったんだ。倍々ゲームってこういうことなのか。

京都8R（2.8倍） 掛け金 128000円

「うおっしゃ〜〜！」

ゴール前を13番の馬が駆け抜けた瞬間、おもわず雄叫びを上げてしまった。

払い戻し額は35万８４００円。突っ込んだ額を差し引いても10万２９００円のプラスだ。すごい。やっぱり、いつかは来るんだ。なにも緊張なんてする必要なかったんだ。

なーんも考えずに、ただただ倍々プッシュするだけで10万円の儲けって、とんでもない必勝法じゃないの？

来た！

勝負2 5000円スタート

500円スタートで10万も儲かったってことは、もし5千円で始めたら、どんなことになるのやら。想像するだけで身震いしてくる。よし、ここはイケイケドンドンだ！

東京8R（3.1倍） 掛け金 5000円

今回はレートを上げただけに、いきなり来てくれてもかまわなかったんだが。まあいいだろう。次に期待しよう。

新潟9R（3.9倍） 掛け金 10000円

ぜんぜん余裕である。ビールでも飲むことにすっかな。

ちっ、次はもう4万円か。さすがに早いな。

東京9R（3.3倍） 掛け金 20000円

余裕　余裕

でも、まだビビってませんけど。前回の勝ちぶんがあるもんで。余裕で倍プッシュだ。イケ！

新潟10R(3.4倍)　掛け金 40000円

思わずトイレに駆け込んだ。余裕をぶちかましていたが、もはやそんな状況ではないことに気づいたのだ。次の賭け金は8万円。もし負けたらさっきの勝ち分は一気にマイナスに転じる。

でも俺は学んだのだ。この必勝法、あせってもムダだし、悩んでもムダ。ただ機械的にルールに則ってればいいんです。

…そう強く思い込もうとしても、いざ負けたときのことを考えると、泣きたくなってくる。うぅ、万札8枚か…。

そのうち来るだろ

京都10R(2.1倍)　掛け金 80000円

泣くなよ、泣くんじゃないぞ。まだレースは残ってるんだ。次は16万だって？　へぇ、それがどうしましたか。コンビニ寄ったから資金はありますし。いつか当たったって戻ってくるんだから、なんにも怖くないですし。

誰に向かって、ですますで喋ってるんだろう。いよいよ脳が狂ってきたか。

東京10R（3.2倍） 掛け金 160000円

「うぉ〜〜〜っ！」

電光掲示板に勝ち馬が表示されたところで、本日2度目の絶叫をかましました。周りのオッサンも引いている。払い戻し金額は51万2千円。19万7千円のプラスだ。なんだこれ、なんだこれ、ゾクゾクしてきた。競馬ってこんなに簡単だったんだ。

また来た！

勝負3 1万円スタート

もう本日は残り6レースしかない。流れからいって6レース全てハズす可能性もあるので、このあたりでお開きにしてもいいのだが、このツキを無駄にはしたくない。次は1万円スタートだ。

新潟11R（3.2倍） 掛け金 10000円

まだまだ余裕である。なにしろ、合計30万近く勝ってるのだ。このくらいの金じゃ痒くもない。次、行くぞ！

京都11R(2.0倍)　掛け金 20000円

だよね、またこうやって5連敗ぐらいするんだよね。で、32万ぐらい賭けさせてから当たるんだよね。

…ああ、また自問自答が始まった。この必勝法、いったん開始すると神経がすり減るな。

東京11R(4.6倍)　掛け金 40000円

すげー。マジすげー。当たりやがりました。18万4千円の払い戻しだから11万4千円のプラスだ。

倍々プッシュの恐怖を感じる前に勝負が決まった最高の形だ。

下見と3勝負合わせて、合計プラス41万4160円。信じられぬバカ勝ちである。

ならば翌週もやればいい？

そう、確かにやってもいいはずだ。

ただ、計算機を叩いたところ、もし500円でスタートしても、1番人気が11連敗した時点で、次の賭け金が100万円を超えることを知り、弱気の虫がくすぶりだしたのだ。

誰か代わりにやってみます？

初出一覧

一章　怪しい噂・事件を徹底検証
REPORT1　月刊『裏モノ JAPAN』2011年11月号（小社刊）
REPORT2　月刊『裏モノ JAPAN』2016年 2月号（同前）
REPORT3　月刊『裏モノ JAPAN』2011年 6月号（同前）
REPORT4　月刊『裏モノ JAPAN』2012年 2月号（同前）
REPORT5　月刊『裏モノ JAPAN』2010年 7月号（同前）
REPORT6　月刊『裏モノ JAPAN』2010年11月号（同前）
REPORT7　月刊『裏モノ JAPAN』2009年 2月号（同前）
REPORT8　月刊『裏モノ JAPAN』2010年11月号（同前）

二章　いかがわしい奴らを追え
REPORT9　月刊『裏モノ JAPAN』2010年 8月号（同前）
REPORT10 月刊『裏モノ JAPAN』2012年 6月号（同前）
REPORT11 月刊『裏モノ JAPAN』2011年 1月号（同前）
REPORT12 月刊『裏モノ JAPAN』2017年 1月号（同前）
REPORT13 月刊『裏モノ JAPAN』2010年11月号（同前）
REPORT14 月刊『裏モノ JAPAN』2009年 5月号（同前）
REPORT15 月刊『裏モノ JAPAN』2013年 5月号（同前）
REPORT16 月刊『裏モノ JAPAN』2010年 5月号（同前）
REPORT17 月刊『裏モノ JAPAN』2013年 5月号（同前）

三章　怪しいサービス・金儲けの裏側を暴く
REPORT18 月刊『裏モノ JAPAN』2009年 5月号（同前）
REPORT19 月刊『裏モノ JAPAN』2013年 5月号（同前）
REPORT20 月刊『裏モノ JAPAN』2013年 5月号（同前）
REPORT21 月刊『裏モノ JAPAN』2013年 5月号（同前）
REPORT22 月刊『裏モノ JAPAN』2011年 8月号（同前）
REPORT23 月刊『裏モノ JAPAN』2011年 7月号（同前）

鉄人文庫

怪しい噂
ぜんぶ体張って調べた

2017年9月13日　第1刷発行
2024年6月28日　第2刷発行

著　者　　鉄人社編集部
発行人　　尾形誠規
編集人　　平林和史
発行所　　株式会社 鉄人社
〒162-0801 東京都新宿区山吹町332 オフィス87ビル 3F
TEL 03-3528-9801　FAX 03-3528-9802
http://tetsujinsya.co.jp

デザイン　　鈴木まさみ・ヒガキユウコ
印刷・製本　　株式会社シナノ

ISBN978-4-86537-098-0　C0176　

本書へのご意見、お問い合わせは直接、小社までお寄せくださるようお願いします。